# NEU WIED

**INSIDER-TIPP**
Deine
Abkürzung
ins Erleben!

## Reisen mit MARCO POLO
### Insider-Tipps

# MARCO POLO TOP-HIGHLIGHTS

## SCHLOSS NEUWIED ★1

Einen Ausblick auf fürstliches Leben gibt das Schloss mit Park in der Innenstadt.

📷 *Tipp: Augen auf für die interessante Parkflora*

➤ S. 29

## HERRNHUTER VIERTEL ★2

Lebens- und Wirkungsstätte der Herrnhuter Religionsgemeinschaft

📷 *Tipp: Detailaufnahmen der kunstvollen Türen wirken fast abstrakt*

➤ S. 36

## NEUWIEDER DEICH ★3

Schützt die Stadt vor nassen Füßen und lädt zum Flanieren ein

📷 *Tipp: Zum Sonnenuntergang ab auf die Rheinbrücke und Deich mit Pegelturm einfangen*

➤ S. 34

## ROENTGEN-MUSEUM ★4

Die clever konstruierten Möbel von Abraham und David Roentgen zum Anschauen (Foto)

➤ S. 37

## SCHLOSS MONREPOS ★5

Ein interaktiver Einblick in das Warum des Jagens und Sammelns

📷 *Tipp: Die Skulptur von Mammut Max von schräg unten gegen den Himmel ablichten*

➤ S. 43

## ZOO NEUWIED MIT ZUCHTBUCH LÖWEN ★6

Artenschutz und Arterhaltung: mehr als 200 Tierarten und das Zuchtbuch der Löwen

➤ S. 50

### RESTAURANT LA MER 7

Außergewöhnlich vor Unterwasserkulisse mediterrane Köstlichkeiten speisen

➤ S. 61

### THE BADGER WOODWORKS 8

Kreative Einrichtungsgegenstände aus Holz und garantiert Unikate

➤ S. 70

### ROMMERSDORFER FESTSPIELE 9

Kulturelles Highlight im Sommer mit Theater, Musik und Lesungen

➤ S. 81

### FESTIVAL DER CURRYWURST 10

Futtern, bis der Mund brennt: eine Reise durch die Welt der Currywurst

📷 *Tipp: Ranzoomen und Food-Porn von der schönsten Currywurst für Insta schießen*

➤ S. 88

# INHALT

| | |
|---|---|
| ⏱ Besuch planen | ☂ Bei Regen |
| €–€€€ Preiskategorien | Low-Budget |
| (*) Kostenpflichtige Telefonnummer | Mit Kindern |
| | ⚑ Typisch |

(📖 A2) Herausnehmbare Faltkarte
(0) Außerhalb des Faltkartenausschnitts

4

# DAS BESTE ZUERST

Bunt und ausgelassen: der Karneval am Veilchendienstag in Heimbach-Weis

## BEST OF ☂ BEI REGEN

## SCHÖN, AUCH WENN ES REGNET

### RAUS HIER!

So einfach wird das allerdings nicht, denn um aus dem Escape Room der *66 Minuten Indoor* (Foto) zu entkommen, musst du schon deine Gehirnzellen bemühen und verschiedene Herausforderungen bewältigen. Egal ob Leichenschmaus oder Geldrausch, spannend wird es auf jeden Fall.

➤ S. 86

### LASS FLUTSCHEN

Normale Disco – ein bisschen old school. Mehr Action gibt's auf dem eisigen Dancefloor des *Icehouse Neuwied*, und das jeden Samstagabend. Du bist nicht ganz so das Party Animal? „Normal" eislaufen geht auch.

➤ S. 86

### KUNST GUCKEN

Ja – zugegeben, der Museumsbesuch ist die Allzweckwaffe schlechthin bei Regen. In der *StadtGalerie* erwartet dich aber nicht nur eine Kirche als Rahmen für die Kunst, sondern wechselnde Ausstellungen und keineswegs nur „alte Schinken".

➤ S. 32

### IM FARBENRAUSCH

Wie sind die wohl bis an die Decke gekommen? Die Frage wirst du dir wahrscheinlich im *Saal der Diana* in *Schloss Engers* stellen. Klar, das Barockschloss ist auch von außen eine Augenweide. Wenn der Himmel allerdings Trübsal bläst, kannst du barocke Gestaltungseuphorie drinnen bestaunen, samstags und sonntags sind das Museum und der *Saal der Diana* zu besichtigen.

➤ S. 51

### SCHÖN RELAXEN

Kalt, nass, ungemütlich? Gönn dir einfach eine Runde Wellness mit Sauna und Massage in der *Deichwelle*. Das hebt die Stimmung auch am unfreundlichsten Novembertag.

➤ S. 84

# BEST OF
## LOW-BUDGET

**FÜR DEN KLEINEN GELDBEUTEL**

### KOSTENLOS AUF DIE OHREN

Wenn das mal kein Deal ist: Klassik auf hohem Niveau, und das ganz umsonst. Wie das geht? In der *Landesmusikakademie Rheinland-Pfalz* finden regelmäßig kostenfreie Aufführungen der jungen Talente statt, die hier ihre Ausbildung erhalten.
➤ S. 52

### RUHIGE KUGEL SCHIEBEN

Du musst dir keine Baskenmütze aufsetzen oder ein Baguette unter den Arm klemmen, um französische Klischees zu erfüllen – wobei das Baguette bei einem Picknick in den *Goethe-Anlagen* dienlich sein könnte. Du kannst aber auch einfach gemütlich ein paar Runden Boule spielen.
➤ S. 35

### DAS KIND IN DIR RAUSLASSEN

Lange Sommertage irgendwo am Wasser, Schwemmholz sammeln und in den Tag hineinleben – klingelt da was in Sachen Kindheitserinnerungen? Am Rheinufer *(Ecke Hafenstraße/ Rheinstraße)* kannst du nostalgisch werden – oder mit den eigenen Kids die Vergangenheit aufleben lassen.

### BLÜMCHEN GUCKEN

Im Barock war man recht pingelig, was die Gartengestaltung anbelangte: gerade Linienführung, aufwendige Blumenrabatten, das gefiel den (Kirchen-)Fürsten. Aber auch ohne Adelstitel darfst du im *Französischen Garten* der *Abtei Rommersdorf* flanieren.
➤ S. 49

### BUNTE LUFTIKUSSE

In Rodenbach *(Am Rast, Parkplatz TUS Rodenbach)* brauchst du keine Wetter-App, um eine gute Thermik festzustellen. Ein Blick in den Himmel reicht; bei entsprechender Witterung verwandeln zahlreiche Drachenflieger und Paraglider (Foto) den Himmel in ein fototaugliches Farbenmeer.

# BEST OF

## MIT KINDERN

### SPANNENDES FÜR GROSS & KLEIN

### LIZENZ ZUR JAGD

Als Agent auf Jagd durch Neuwied: Die Schattenjagd für Kinder der *66 Minuten Outdoor* beginnt geheimnisvoll – den geheimen Startpunkt erfährt man per E-Mail. Bei der zweiten Mission für Kinder reist man mit der Zeitmaschine in die Vergangenheit.

➤ S. 86

### AB INS SCHWARZE

Schiff ahoi? Nein, nicht ganz, auch wenn der Name des Piratenschiffs aus Fluch der Karibik, *Black Pearl*, das erst mal vermuten lässt. Pirateskes Ambiente findet man aber trotzdem als Kulisse für das Schwarzlicht-Minigolf-Abenteuer in 4-D.

➤ S. 85

### TOBEN, BIS DER ARZT KOMMT

Ein Piratenschiff gehört ins *Piratenland*. Aber das ist längst nicht alles. Indoor wie outdoor können Kinder sich so richtig austoben – Kletterpark oder Trampolin, Kartbahn oder Wasserrutsche, Möglichkeiten für Eltern, nach einem Besuch erschöpfte und zufriedene Kinder mit nach Hause zu nehmen, gibt es genug.

➤ S. 85

### WASSERSPIELE

Im Sommer nur im Freibad planschen? Auf Dauer viel zu langweilig! Im *Wasserpark Feldkirchen* (Foto) wird das Element Wasser zum echten Erlebnis, denn hier können Kinder selbst Hand anlegen, das Wasser umlenken oder stauen. Klar, einfach nur planschen geht natürlich auch noch …

➤ S. 84

### DAS RUNDE MUSS INS RUNDE

Warum nicht mal wie einst Oma und Opa einen Ausflug auf den Minigolfplatz machen? In Altwied können sich Kinder (und Eltern) in Geduld und präziser Schlägerführung üben.

➤ S. 87

# BEST OF

## TYPISCH

### DAS ERLEBST DU NUR HIER

**OHNE GRUSELFAKTOR**

Auch wenn man Friedhöfen, alten zumal, einen gewissen Gruselcharme nachsagt, kann man auf dem *Alten Friedhof* in Neuwied eher schön flanieren und die aufwendige Grabgestaltung früherer Epochen bewundern. Wer mehr erfahren möchte: Führungen mit Hintergrundinfos gibt's auch.

➤ S. 40

**ALLES HAT EIN ENDE, …**

…nur die Wurst hat zwei. Auf dem *Festival der Currywurst* (Foto) wirst du verdammt viele Enden finden, denn anlässlich dieser Festivität kommen zahlreiche Imbissbudenbetreiber auf dem *Neuwieder Luisenplatz* zusammen – du musst dir also nur noch überlegen, welche Currywurst-Variante dein Top-Favorit ist. Durch das gesamte Spektrum probieren geht natürlich auch.

➤ S. 88

**PAPPNASEN UND ANDERE NARREN**

In den karnevalsnärrischen Städten am Rhein ist es eher die Regel als die Ausnahme, dass jeder Stadtteil seinen eigenen Umzug hat. Besonders karnevaleskes Flair erlebst du in Heimbach-Weis, wo sich an Veilchendienstag einer der ältesten Umzüge auf den Weg durch die Straßen macht.

➤ S. 22

**ANDERE PERSPEKTIVE**

Angeblich sind ja nachts alle Katzen grau – ob das auch in Engers so ist, wird dir vielleicht der dortige Nachtwächter sagen können. Falls nicht, wird er aber bei der Nachtwächterführung (*engers.org*, Rubrik *Nachtwächter*) durch das malerische Engers einiges anderes Interessantes zu berichten haben. Und du wirst garantiert einen anderen Blick auf das beschauliche Örtchen mit seinen Fachwerkhäusern als im Tageslicht haben.

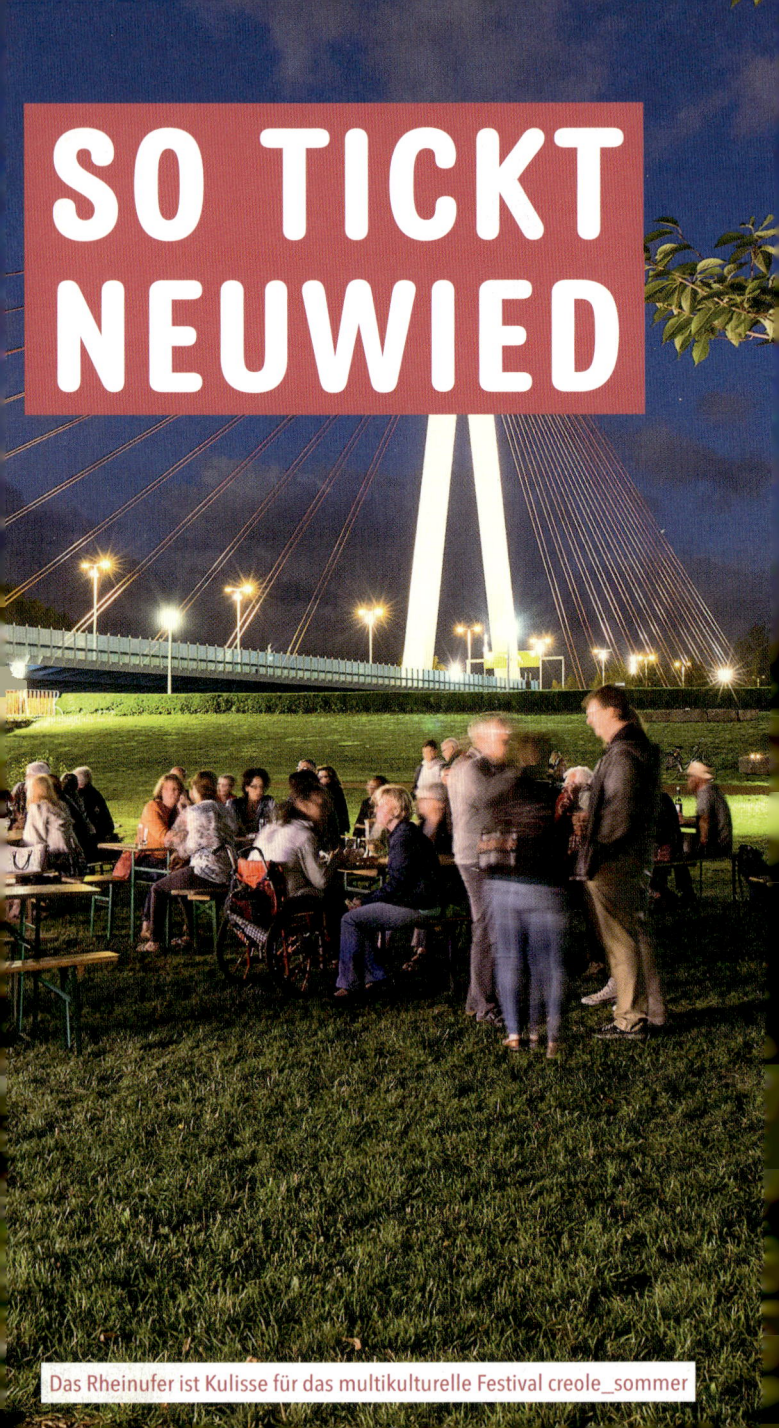

# SO TICKT NEUWIED

Das Rheinufer ist Kulisse für das multikulturelle Festival creole_sommer

Wo heute noch die Fürsten leben, prangt auch ihr Wappen am Schlosseingang

Städte am Rhein gibt es viele – ist ja auch ein langer Fluss. Deiche gibt es auch jede Menge. Aber keine Stadt nennt sich Deichstadt. Und Neuwied, die Stadt am Deich, macht neugierig. Warum? Hier kannst du nicht nur in einem Supermarkt übernachten oder inmitten einer bunten Unterwasserwelt bei Kerzenschein essen und trinken. Sondern auch auf historischen Spuren der örtlichen Prominenz wandeln oder sportlich aktiv werden im grünen Umland – die Kreisstadt liegt zwischen Mittelgebirgslandschaften.

### FÜRSTEN, TOLERANZ UND SCHUBKARREN

Die Stadt trägt es bereits im Namen: Neuwied gehört nicht zu den ältesten Gemeinden in Rheinland-Pfalz. Macht aber gar nichts. Dass Friedrich III. zu Wied

**1653** Gründung der Stadt durch Friedrich III., Graf zu Wied

**1662** Verleihung zahlreicher Freiheitsrechte

**1706** Baubeginn Schlossanlage

**1738** Gründung des Hüttenwerks Rasselstein, das die Schienen für die erste deutsche Eisenbahnstrecke herstellte

**1784** Erhebung der Grafen zu Wied in den Reichsfürstenstand

**1815** Neuwied wird preußisch und Verwaltungssitz des gleichnamigen Landkreises

erst im Jahr 1653 das Recht erhielt, eine Stadt zu gründen, erwies sich dennoch als Glücksgriff, da brauchte es keine jahrhundertealten Gemäuer. Und dieser Graf war für die Epoche ziemlich progressiv: Er gestand den Einwohnerinnen und Einwohnern neun Jahre nach der Stadtgründung Freiheitsrechte zu, die für die damalige Zeit ungewöhnlich, ja revolutionär waren. Vor allem die gelebte Religionsfreiheit zog Neubürger magisch an – gelungenes Stadtmarketing à la 17. Jh. In den Gründerjahren strömten die Menschen nach Neuwied, weil sie anderswo wegen ihres Glaubens verfolgt wurden. Darunter auch die Herrnhuter Brüdergemeine, die Mitte des 18. Jhs. nach Neuwied zog. Unweit des Schlosses entstand ein ganzes Stadtviertel rund um die im spätbarocken Stil erbaute Kirche, das du heute noch besichtigen kannst. Neuwied ist also nachhaltiger Ort für Freiheit und Toleranz – und darauf sind die „Näiwidder Schärjer" noch heute besonders stolz. Damit hast du bereits deine erste Begegnung mit der Neuwieder Mundart gemacht. Und was ist nun ein „Näiwidder Schärjer"? Der erste Teil erklärt sich noch, wenn du ihn aussprichst; „Schärjer" wiederum waren Arbeiter, die zum Be- und Entladen der Rheinschiffe eine Schubkarre einsetzten. Dieses Vehikel wurde mundartlich „Schärskaa" genannt. Viele Neuwieder verdienten sich vor mehr als hundert Jahren als „Schärjer" ihren Lebensunterhalt. Verladen wurden damals vor allem in den Westerwälder Steinbrüchen geschlagene Bimssteine. Die Neuwieder sind stolz darauf, noch heute als „Schärjer" bezeichnet zu werden. Daher hat man dem fleißigen

**1928** Baubeginn des 7,5 km langen Deichs

**1935** Baubeginn der ersten Rheinbrücke

**1970** Die „Große Kreisangehörige Stadt Neuwied" entsteht

**1978** Fertigstellung der Raiffeisenbrücke

**2018** 200. Geburtstag des Genossenschaftsgründers Friedrich Wilhelm Raiffeisen

**2019** Abriss des AKW-Kühlturms in Mülheim-Kärlich

Arbeiter in der Mittelstraße ein Denkmal mitsamt beladener Schubkarre gesetzt und sogar eine eigene Hymne gewidmet. Das vereint.

Ein Denkmal ist auch einem anderen Mitglied der Fürstenfamilie gewidmet, das international bekannt wurde: Maximilian Prinz zu Wied war im 19. Jh. einer der größten Naturforscher der Welt. Auf seinen viel beachteten Forschungsreisen durch den Norden und Süden Amerikas sammelte er wichtige Erkenntnisse zur Natur und den Indianerstämmen. Also hingehen zum Denkmal und dem Forscher huldigen, der auch nicht ganz unbeteiligt am literarischen Erfolg Karl Mays war.

### ALLES FREI HIER

In dieser vom toleranten Geist geprägten Stadt entwickelte sich auch eine deutschlandweit damals einzigartige Besonderheit: die Freiheit der Presse. Anfang des 19. Jhs. war Neuwied eine wahre Medienhochburg. In dem einmaligen Klima der Meinungsfreiheit erschienen seinerzeit in der Stadt am Rhein bis zu zwölf Zeitungen, von denen fünf in französischer Sprache gedruckt wurden. Medienkrise? Fehlanzeige! Wegen ihres hohen Ansehens wurden einige von ihnen auch in Wien und Paris gelesen. Während in anderen Städten Europas staatlich angeordnete Zensur an der Tagesordnung war, durften in Neuwied Schriften aufgrund der hier herrschenden Freiheitsrechte veröffentlicht werden. Als in Frankreich 1789 die Revolution ausbrach, war Neuwied die mediale Informationsdrehscheibe in Mitteleuropa. Schade, dass dann irgendwann die Preußen kamen. Denn die steifen Herren mit einem Faible fürs Militärische sorgten dafür, dass es auch in Neuwied mit der Presse- und Meinungsfreiheit vorbei war.

Neben der Religionsfreiheit, den Neuwieder Freiheitsrechten und der Steuerfreiheit für Händler und Handwerker war die kleine Residenzstadt auch für die besondere Vergabe von öffentlichen Grundstücken bekannt. In Neuwied sollte „jeder neben jedem wohnen" – ohne auf das Ansehen der Bürgerinnen und Bürger zu achten.

Der Geist der Toleranz und Freiheit weht aber auch heute noch durchs Alltagsleben. Neuwied ist zum einen ein Schmelztiegel ganz unterschiedlicher Religionen. Und darauf ist man hier besonders stolz. Außerdem zeugen die vielen sozialen Einrichtungen und Organisationen in Neuwied vom Miteinander, das in der Stadt herrscht.

### WO DER BALL INS ROLLEN KAM

Du kannst die teilweise historische Innenstadt von Neuwied auf eigene Faust erkunden, dich aber auch einer Führung mit versierten Stadtführern anschließen, die ihre Heimat aus dem Effeff kennen. Auch wenn du ein ausgemachter Fußballfan bist, musst du ja nicht wirklich alles über deine Passion wissen. Aber, Achtung, das hier ist jetzt wichtig (sonst gäbe es dein Hobby in der heutigen Form vielleicht gar nicht): Obwohl heute in der Kreisstadt nicht gerade hoch-

Auslöser für Neuwieds Zweitnamen „Deichstadt": der Rhein

klassig gekickt wird, steht hier eine der Wiegen des deutschen Fußballs – was du bei einer Stadtführung ebenfalls näher erfährst. Im Jahr 1865 waren es englische Internatsschüler der Herrnhuter Knabenanstalt, die nach dem Unterricht einem Ballspiel frönten, das bis dahin in Deutschland noch gänzlich unbekannt gewesen war. In seiner Spielweise erinnerte das aber eher noch an Rugby. 1887 soll dann in Neuwied das erste Fußballspiel auf deutschem Boden mit internationaler Beteiligung stattgefunden haben. Den Redakteuren der Neuwieder Zeitung war das nicht ganz geheuer. „In Fastnachtskostümen wurde um einen aufblasbaren Ball gekämpft." lautete ihre Beschreibung (Ähnlichkeiten mit dem Auftreten heutiger Fußballer sind natürlich rein zufällig). Damit traten die Kicker aus Neuwied einen wahren Boom los. So lag es nahe, dass mit Ferdinand Hueppe auch der erste Präsident des 1900 gegründeten Deutschen Fußball-Bundes aus der Deichstadt am Rhein kam.

### AM WASSER GEBAUT

Bereits Mitte des 18. Jhs. entwickelte sich Neuwied zu einer der frühesten Industriestädte im Deutschen Reich – kein Wunder, die Lage so ziemlich in der Mitte des 1233 km langen Rheinstroms kann man nur verkehrsgünstig nennen. Heute haben viele namhafte Unternehmen ihren Sitz in der Deichstadt.

Die über 500 m lange Mauer des namensgebenden Deichs mit dem Pegelturm als Wahrzeichen der Stadt, der Deichkrone und dem Pumpwerk ist eine architektonische Meisterleistung der 1930er-Jahre und einzigartig am Mittelrhein. Obwohl drei Deichtore den Zugang zum Rheinufer ermöglichen, fristete der bislang „Deichvorgelände" genannte Bereich jahrzehntelang als gewerbliche Hafenanlage mit Schiffsanlegestellen ein Schattendasein – nicht eben einladend. Das ist zum Glück Geschichte: An einem schönen Sommertag einfach mal nur relaxt chillen kannst du nun an der neu gestalteten Rheinpromenade. 80 m breite Rheintreppe vor der Deichkrone, von einer Lindenallee flankierte Liegewiese, Biergarten oder Sandterrassen, setz dich einfach hin, wo du willst, und genieß die einmaligen Ausblicke auf den Strom.

### ES GRÜNT SO GRÜN
Dein Herz schlägt für die Natur? Hinaus geht es in den Naturpark Rhein-Westerwald, der sich auf knapp 85 Prozent der gesamten Kreisfläche des Landkreises Neuwied erstreckt. Wälder, Berge, Täler, kleine plätschernde Bäche und das Flüsschen Wied – dem Naturerleben sind kaum Grenzen gesetzt, auch dank zahlreicher Wanderwege in den kreisangehörigen Verbandsgemeinden. Nicht zu vergessen die beiden Premiumwanderwege, die ebenfalls durch den Naturpark verlaufen. Einer davon ist der RheinSteig, der – Überraschung – entlang des Rheins auf 320 km von Bonn nach Wiesbaden (oder auch umgekehrt) verläuft, davon fünf Etappen im Naturpark Rhein-Westerwald. Der andere ist der Fürstenweg, der angegliedert an den RheinSteig eine idyllische Rundtour bietet, die sich mit ca. 4 Stunden bequem an einem Tag erwandern lässt.
Neugierig geworden auf Neuwied? Dann auf zur Erkundungstour durch die Kreisstadt, die viel mehr bietet, als du vielleicht dachtest, als du ankamst.

Der Premiumwanderweg RheinSteig verführt auch auf Neuwieder Stadtgebiet zu einer Wandertour

# AUF EINEN BLICK

## 65.768
**Einwohner**

(davon 51,1 % Frauen)

## 172.000 M

Die Strecke, die man in Neuwied auf „Schusters Rappen" wandern kann

## 3527
**Hunde**
So viele Fellnasen wurden zum 5. August 2020 dem Steueramt gemeldet

## 5 Partnerstädte

Güstrow (Mecklenburg-Vorpommern), Bromley (England), Drom Hasharon (Israel), Suqian (China), Karaba (Ruanda)

## 3000
**Saunaaufgüsse**
gibt es durchschnittlich pro Jahr in der Deichwelle

## 33
So viele jecke Karnevalsvereine gibt es in Neuwied

## 69 M
Der Glockenturm von St. Matthias ist das höchste Gebäude der Stadt

## 1850 TIERARTEN
Davon leben mindestens 1800 im Zoo Neuwied

## CIRCA 88
**Eishockeyschläger**
zertrümmern die Neuwieder Eisbären im Schnitt pro Saison

## 44,8 JAHRE
Durchschnittsalter

**86,5 QUADRATKILOMETER**
FLÄCHE
(RHEINLAND-PFALZ: 19.847 KM$^2$)

# NEUWIED VERSTEHEN

## ZWANGSEHE

Im Jahre 1970 wurden 12 umliegende Dörfer der Innenstadt hinzugefügt und so zur „großen Stadt" Neuwied mit ihren knapp 65 000 Einwohnerinnen und Einwohnern. Dadurch kam die Stadt Neuwied zu den 13 Stadtteilen Altwied, Block, Engers, Feldkirchen, Gladbach, Heimbach-Weis, Irlich, Niederbieber, Oberbieber, Rodenbach, Segendorf, Torney und Heddesdorf – Letzterer ist eine Ausnahme, denn er wurde bereits 1904 eingemeindet. Damit ist Neuwied die siebtgrößte Stadt in Rheinland-Pfalz und zugleich die größte kreisangehörige Stadt des Landes. Allerdings stieß die Zusammenlegung der Stadtteile nicht überall auf Gegenliebe – und das macht sich bis heute noch mancherorts bemerkbar.

## VON HIER AUS IN DIE WELT

Denn auch in der Deichstadt ist man Weltkulturerbe. „Schuld" daran ist der ehemalige Bürgermeister des heutigen Neuwieder Stadtteils Heddesdorf. Von 1852 bis 1862 bekleidete Friedrich Wilhelm Raiffeisen dieses Amt. Ja, genau, der mit den Märkten und Banken. Mit dem Motto „Was dem Einzelnen nicht möglich ist, das vermögen viele" wurde die Genossenschaftsidee vom weltumspannenden solidarischen Handeln in die „Repräsentative Liste des Immateriellen Kulturerbes der Menschheit" aufgenommen.

## HAUS DER HERINGSBÄNDIGER UND ANDERE BILDUNGSANSTALTEN

Auch wenn ganze Schülergenerationen wahrscheinlich genervt die Augen verdrehen, wenn sie an ihre Bildungsstätte denken – nicht gänzlich unnütz ist ein gewisses Maß an Bildung zweifelsohne. Neuwied hat sich nicht nur als Industriestandort, sondern auch als „Stadt der Schulen" einen Namen gemacht. Bereits 1616 ordnete Graf Hermann per Edikt die Schulpflicht in der Grafschaft an. Lesen, Schreiben, Rechnen von gräflichen Gnaden – ziemlich fortschrittlich! Aktuell gibt es in Neuwied knapp 50 Schulen, von den allgemeinbildenden Schulen über Sonderschulformen für Menschen mit Handicaps, Krankenpflegeschulen und Lehrerseminare bis hin zur deutschlandweit einzigen „food akademie", im Volksmund Haus der Heringsbändiger genannt.

## MÖBELLOTTO

Was tun, wenn die Firmenkasse knapp wird? Man macht sich die Spielleidenschaft der Adligen zunutze und veranstaltet eine „Möbellotterie" im vornehmen Hamburg. So geschehen 1769, als David Roentgen und Vater Abraham zwar begnadete Ebenisten und Kabinettmacher, aber trotzdem mächtig klamm waren. Die von David ersonnene Marketingaktion kam an, die beiden Neuwieder wurden europaweit bekannt wie heutige Popstars und brachten ihre Handwerkskunst unters Who's who des europäischen Adels. Die britische Queen arbeitet heute noch an einem Roentgen-Schreibtisch und edle Exponate aus

Neuwied besitzen auch ein echter Popstar, Musikerlegende Mick Jagger, und Schauspieler Michael Douglas.

### KLEIN-VENEDIG

Der Rhein kann ein ausgesprochen ungemütlicher und lästiger Nachbar sein, wenn ihm sein Bett zu eng wird. Bis Ende der 1920er-Jahre verwandelte er die Neuwieder Innenstadt regelmäßig in ein Klein-Venedig – nur dass hier keine singenden Gondoliere ihre Boote durchs Wasser stakten und auch niemand seiner Angebeteten auf der rheinischen Version der Rialtobrücke einen Antrag machte. Und doch, die Neuwieder ertrugen die nassen Füße mit einer gewissen Gelassenheit. Bis auf Bürgermeister Robert Krups. Sein Plan: der Bau eines Deichs. Ab 1928 wurden in drei Jahren 7,7 Millionen Reichsmark verbaut – gut 1 Million für jeden der 7,5 km, die der Deich misst. Seither hat Neuwied trockene Füße. Und Krups? Der erhielt ein Denkmal unweit des Deichinformationszentrums.

### „SCHNUDDELN" AM GELÄNDER

Von wegen, nur Frauen tratschen. Mit diesem Vorurteil muss in Neuwied gründlich aufgeräumt werden. Dort, wo heute der Biergarten am Rhein ist, schützte früher ein Geländer vor einem Sturz ins Wasser. Das Geländer war aber auch Treffpunkt für die Neuwieder Männer, um hier die neuesten Nachrichten aus der Stadt auszutauschen. Die Brüstung ist längst weg, geblieben ist die Lust zum Quatschen, in Neuwied heißt das „Schnuddeln". Dafür gibt es sogar einen Verein. Regelmäßig treffen sich die redseligen Mitglieder – das jüngste ist 40, das älteste 94 Jahre alt – zu gemeinsamen Aktionen des Neuwieder Geländervereins. Und es gibt immer wieder eine Menge zu erzählen. Steht so in den Vereinsstatuten.

### PFINGSTROSS STATT PFINGST-OCHSE

Ausnahmezustand in Heddesdorf: Die traditionelle fünftägige Pfingstkirmes steht an. Zahlreiche Fahrgeschäfte, gut und schön – die Attraktion sind

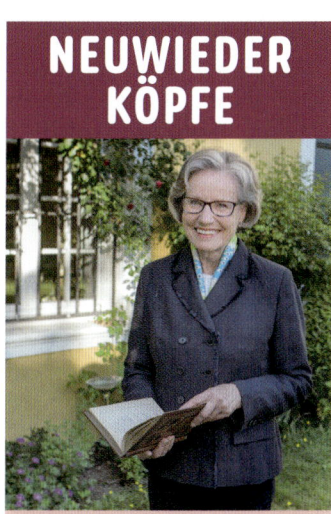

**NEUWIEDER KÖPFE**

**SOPHIE CHARLOTTE FÜRSTIN ZU WIED**

„Neuwied, eine Stadt geprägt von der Weite und Schönheit des Rheins, lädt ein, sowohl die vielfältigen Schätze seiner Geschichte zu entdecken als auch die Frische einer modernen und aufgeschlossenen Stadt zu erfahren."

jedoch die Heddesdorfer Pfingstreiter. Am Pfingstdienstag erobern die schicken Reiter in schwarzen Anzügen und mit bunten Bändern und Blumen an ihren Hüten den Neuwieder Stadtteil. Einen Zins musst du nicht bezahlen, wenn du dir das Spektakel ansiehst. Den trieben die Burschen einst am Pfingstdienstag ein, wenn die Schafe des Klosters Rommersdorf über die Feldwege der Heddesdorfer und Engerser Bauern zur Wied getrieben wurden.

## WO DIE PAPPNASEN TOLLEN

Heimbach-Weis ist an Veilchendienstag fest in ⚑ Narrenhand. Über 30 000 Jecken kommen dann her und feiern gemeinsam den Straßenkarneval. Bunt geschmückte Prunk- und Charakterwagen mit ausgeklügelten Kulissen und Mechanismen – den närrischen Lindwurm, der sich jährlich für zwei Stunden durch die Straßen und engen Gassen windet, muss ein echter Jeck erlebt haben. Und er ist nach Köln, Koblenz und Bonn der viertälteste im gesamten Rheinland – sogar älter als Aachen oder Mainz, denn schon seit 1827 zieht das närrische Volk von Heimbach nach Weis.

## AUSGESTRAHLT

Schön war er nicht, der Kühlturm des Atomkraftwerks Mülheim-Kärlich. Jahrelange Solidarität und Beharrlichkeit der Stadt Neuwied und anderer Kläger sorgten dafür, dass das Atomkraftwerk auf der anderen Rheinseite auf höchstrichterliches Urteil nach nur 13-monatiger Betriebszeit abgeschaltet wurde. Dumm gelaufen und noch dümmer geplant: Das AKW entstand seinerzeit in einer Region mit Erdbebenrisiko. Hätte man wissen können, dass das planungstechnisch nicht die beste aller Ideen war. 2004 begann der Rückbau, 2019 fiel mit dem Abriss

Das Wappentier schlägt auch leibhaftig Räder im Neuwieder Zoo

des Kühlturms das unrühmliche Wahrzeichen der Fehlplanung, bis Ende der 2020er-Jahre soll das AKW komplett zurückgebaut sein. Damit ist man im Neuwieder Becken voll im Trend und hat ein Zeichen gesetzt für den deutschlandweiten Atomausstieg.

### STARKE FRAUEN

Was haben eine dichtende Königin, drei menschenliebende Nonnen und eine treu sorgende Tochter gemeinsam? Sie bewegten etwas in einer Zeit, als Männer das Sagen hatten. Die Neuwiederin Prinzessin Elisabeth zu Wied wurde durch ihre Heirat mit Prinz Karl von Hohenzollern im Jahr 1869 als Königin von Rumänien bekannt, aber auch unter dem Namen Carmen Sylva als Dichterin, Märchenautorin und Übersetzerin rumänischer Gedichte. Die Franziskanerinnen Sr. Christina Ewen, Sr. Modesta von der Lahr und Sr. Ignazia Jansen pflegten im Deutsch-Französischen Krieg 1870/71 Verwundete und gründeten später gegen Widerstände und aus eigener Tasche das katholische St. Elisabeth Krankenhaus. Amalie Raiffeisen wiederum, älteste Tochter Friedrich Wilhelm Raiffeisens, wurde mit gerade mal 17 Jahren zur rechten Hand ihres Vaters aufgrund dessen zunehmender Sehschwäche. Sie bearbeitete seine Akten und übernahm die tägliche Korrespondenz – heute wäre sie wohl die Assistenz der Geschäftsführung. Gerüchten zufolge soll Raiffeisen es ihr damit gedankt haben, dass er ihr die Ehe verwehrte, weil er sie nicht an einen anderen Mann verlieren wollte.

## KLISCHEE KISTE

### STOLZ WIE EIN PFAU

Die Neuwieder haben einen mächtigen Vogel. Der Pfau ist das Sinnbild für Glanz, Prunk, Exzentrik und Raffinesse. Klar, dass es das bunte Getier aufs Neuwieder Stadtwappen geschafft hat. Und das zu Recht. Schließlich lebt man hier in einem echten Fürstentum. Der „Färschd" regiert zwar nicht mehr, wohnt aber „fürstlich-wiedisch" mitten in der Stadt in einem Schloss.

### HART, ABER HERZLICH

Echte Neuwieder „Schärjer" erkennt man nicht nur an ihrem eigenwilligen Dialekt und ihrer sehr direkten Art, sondern auch an der karierten Mülze, die liebevoll „Gewärfelte" genannt wird. Ein weiteres untrügliches Erkennungszeichen ist der über dem Arm oder in der Hand gehaltene Schirm – auch wenn es nicht regnen sollte.

### ARM UND REICH

Der Spruch „Näiwidd, Näiwidd, du arme Stadt" wird gerne zitiert, wenn es um die öffentlichen Finanzen geht. Viele Wünsche der Stadt bleiben daher unerfüllt. Kein Zweifel besteht aber am Reichtum an Schulen, kulturellen Einrichtungen, historischen Gebäuden und vielen „großen" Neuwiedern der Zeitgeschichte.

# SIGHT SEEING

Alle Wege führen nach Neuwied? Wirklich alle? Das vielleicht nicht, aber doch einige, egal ob mit dem Auto oder mit dem Zug – oder auch zu Fuß. Klingt etwas beschwerlich? Nicht wirklich, der Wandertrend hat längst auch das Rheintal (wieder) erfasst, und viele Besucher machen auf einem der zahlreichen Wanderwege Station in der Stadt der immateriellen Güter im Unteren Mittelrheintal. Immaterielle Güter? Genau, Neuwied ist die Stadt der Freiheitsrechte, der Pressefreiheit und des toleranten Geistes.

So schick wohnen Fürsten: Schloss Neuwied

Neuwied liegt übrigens bei Flusskilometer 606. Das ist ungefähr auf der Hälfte der Strecke, die der Rhein von seinen Quellen in der Schweiz bis zur Mündung in die Nordsee zurücklegt.

In der Ruhe liegt die Kraft: In Neuwied musst du nicht in Hektik verfallen. Ein Blick auf das fürstliche Schloss, ein Rundgang durch das Herrnhuter Viertel, ein Ausflug zum Schloss der Forscher, ein Abstecher zur Abtei Rommersdorf oder ein Besuch der Burg Altwied machen Lust auf Entdeckungen. Aber ganz ohne Stress, hier ist Entschleunigung angesagt.

# DIE STADTTEILE IM ÜBERBLICK

ALTWIED

Schloss Monrepos ★

**SEGENDORF** S. 43
Zurück in die Eiszeit

SEGENDORF

**ALTWIED** S. 42
Wo die Wied die Burg umfließt

RODENBACH

NIEDER-BIEBER

FELDKIRCHEN

**NIEDERBIEBER** S. 46
Die Römer sind weg, Geschichte gibt's trotzdem

Leutesdorf (Rhein)

**FELDKIRCHEN** S. 47
Kein Feld mehr, dafür Kirche

Rhein

Pfarrkirche St. Matthias ★

42

Deutsches Flippermuseum ★

Roentgen-Museum ★

Andernach

Prinz-Max-Denkmal ★

Schloss Neuwied ★

Neuwied

**ANDERNACH**

9

Alter Friedhof ★

Herrnhuter Viertel ★

Rennw.

Weißenthurm

**NEUWIED**

9

Weißenthurmer Werth

256

**INNENSTADT** S. 28
Fürsten, Kirchen und dazu ein Fluss

**WEISSENTHURM**

↑
1 km
0.62 mi

---

## MARCO POLO HIGHLIGHTS

★ **PRINZ-MAX-DENKMAL**
Ein blaublütiger Forscher entdeckte von Neuwied aus die Welt ➤ S. 28

★ **SCHLOSS NEUWIED**
Grafen und Fürsten residierten pompös ➤ S. 29

★ **HERRNHUTER VIERTEL**
Wiege der Religionsfreiheit und Toleranz ➤ S. 36

★ **ALTER FRIEDHOF**
Dark Romance der Ruhestätte vieler Neuwieder Berühmtheiten ➤ S. 40

★ **ROENTGEN-MUSEUM**
Wie ein bedeutender Möbelkünstler ganz ohne Strahlen auskam ➤ S. 37

★ **PFARRKIRCHE ST. MATTHIAS**
Ein Gotteshaus wird heute als freier Kunstraum genutzt ➤ S. 40

**OBERBIEBER** S. 45
Römerspuren und
Naturerleben

**GLADBACH** S. 48
(Ein-)Blick in die
Bauernkultur

Abtei Rommersdorf ★

★ Zoo Neuwied ★

HEIMBACH-WEIS

**HEIMBACH-WEIS** S. 48
Dreimal „-tur" – Kultur,
Architektur, Natur

Schloss Engers ★

**ENGERS** S. 51
Fachwerkidyll und
Prunkschloss mit Musik

Rengsdorf

256

OBERBIEBER

Dierdorfer Str.

TORNEY

GLADBACH

Hauptstr.

Im Sayn

SAYN

Sayner Str.

BLOCK

42

ENGERS

Engerser Landstr.

Engerser Landstr.

Engers

MÜLHOFEN

Bendorfer Str.

BENDORF

Kannsee

Steinsee

Urmitz Rheinbrücke

Rhein

Urmitz

Kalten-
engers

★ **DEUTSCHES FLIPPERMUSEUM**
Hier spielt der berühmte Delfin keine
Rolle ➤ S. 41

★ **SCHLOSS MONREPOS**
Forschen im fürstlichen Umfeld ➤ S. 43

★ **ABTEI ROMMERSDORF**
Kreuzgangkonzerte und Festspiele im
Weltkultur-Denkmal ➤ S. 49

★ **SCHLOSS ENGERS**
Von der Muse geküsst ➤ S. 51

★ **ZOO NEUWIED**
Gut gebrüllt, Löwe: Aber natürlich sorgen
nicht nur Löwen für die passende Kulisse
➤ S. 50

# INNENSTADT

Keine Frage, im Vergleich zu anderen Städten ist Neuwied fast noch ein Teenager. Von dem kann man natürlich keine klassische Altstadt mit Mauern, Türmen und krummen Fachwerkhäusern erwarten, dennoch gibt's vor allem in der Innenstadt viel zu sehen. Damit das nicht zu einfach wird (einmal um den Marktplatz rum und alles für Instagram aufs Handy bannen kann jeder), sind die architektonischen Kleinode überall im Stadtzentrum verteilt.

Du kannst auf dem Deich entlangspazieren zu Raiffeisenbrücke, Pegelturm und Deichkrone, in der Nähe auch das

---

### WOHIN ZUERST?

**Schärjer-Denkmal** *(□□ F6)*: Idealer Ausgangspunkt für die Entdeckung Neuwieds ist das Denkmal des „Näiwidder Schärjer" in der Innenstadt. Von hier aus sind sämtliche Sehenswürdigkeiten der Neuwieder Innenstadt innerhalb von 20 Minuten Fußmarsch zu erreichen. Das Auto kann in unmittelbarer Nähe auf dem Marktplatz abgestellt werden. Wer mit dem ÖPNV kommen möchte, steigt an der Haltestelle „Marktstraße" aus. Das Schärjer-Denkmal ist neben Schloss Neuwied auch ein beliebter Startpunkt für die Stadtführungen durchs Stadtzentrum.

---

Schloss der Fürsten zu Wied bestaunen (nur gucken, nicht anfassen oder gar reingehen), die StadtGalerie in der Mennonitenkirche, die Synagogengasse, das Roentgen-Museum oder das Raiffeisen-Denkmal besuchen. Shoppen und essen gehen natürlich auch, in der Innenstadt findest du zahlreiche Einzelhandelsgeschäfte und Gastronomiebetriebe.

### 🔲 SCHLOSSTHEATER

Großes Theater auf kleiner Bühne. In einem Nebengebäude des Neuwieder Schlosses befindet sich das Schlosstheater, das mit seinen Inszenierungen weit über die Stadtgrenzen hinaus bekannt ist. Gespielt werden Stücke für Erwachsene und Kinder, die im Schlosstheater Neuwied von der Landesbühne Rheinland-Pfalz inszeniert werden. Anfänglich wurde das 1799 erbaute Theater noch zur Unterhaltung von der Fürstenfamilie genutzt – klar, man gönnte sich schon mal ein eigenes Theater. Aber da man in Neuwied ja liberal ist, erfolgte 1860 die Umgestaltung zum öffentlich zugänglichen Residenztheater. Das Schlosstheater in seiner heutigen Form eröffnete nach einem umfangreichen Um- und Neubau im Jahr 1977 mit einem Theatersaal, der 300 Gästen Platz bietet. Es wird ausschließlich für Theateraufführungen geöffnet. *Theaterplatz 3 | schlosstheater.de | Bus 67 Schlosstheater |* ⏱ *¼ Std. |* □□ *E6*

### 🔲 PRINZ-MAX-DENKMAL ⭐

Er war schon zu Lebzeiten ein echter Popstar – allerdings ohne Autogrammkarten. Und ohne ihn kein Winnetou

Einst um die Welt gereist, heute Denkmal vor dem Schlosstheater: Prinz Max

und kein Old Shatterhand – eine erschütternde Vorstellung! Das Denkmal zeigt den Natur- und Völkerkundeforscher mit dem Indianerhäuptling Mató-Tópe und dem Maler Carl Bodmer. Der begleitete Prinz Max auf seinen spannenden Forschungsreisen in die damals noch unbekannte Welt Südamerikas. Prinz und Häuptling wurden später gute Freunde. Praktisch für Karl May: Der nutzte die Reiseberichte des Prinzen vom Norden Amerikas und die detaillierten Zeichnungen von Bodmer über den „Wilden Westen" für seine Winnetou-Romane. Der Prinz begegnet dir auch im Neuwieder Zoo – mit einer eigenen Halle. *Theaterplatz | neuwied.de/prinz-max-denkmal.html | Bus 131 Prinz-Max-Denkmal, 56, 170 Schlossstraße |* ⏱ ¼ Std. | 🗺 E6

### 🔟 SCHLOSS NEUWIED ★

Abgeschottetes Leben in Saus und Braus im Elfenbeinturm, Pardon Schloss, während draußen das Volk seinem meist mühseligen Tagwerk nachging? Der Ruf von Fürsten und anderen Adelsgeschlechtern ist häufig eher fragwürdig – doch anders in Neuwied. Hier war und ist die Fürstenfamilie ein wichtiger Teil des gesellschaftlichen Lebens der Stadt. Und das heißt mittendrin statt außen vor: Schloss Neuwied wurde zwischen 1707 und 1712 im Stil des einfachen Barocks mitten in der Stadt gebaut. Es entstand auf den Grundmauern eines 1694 von französischen Soldaten niedergebrannten früheren Schlosses. Dass die Franzosen den Vorgängerbau ruiniert hatten, nahm man ihnen offensichtlich nicht so richtig krumm, denn für die Planung und Ausführung des Neubaus im französischen Stil war der aus dem Elsass stammende hessische Landesbaumeister Johann Julius Rothweil zuständig. Heute siehst du fünf Gebäudetrakte und den Leitspruch der Fürstenfamilie auf dem Wappen zwischen den Torpavillons. Nach Erweiterungen im 18. Jh. wurde das Hauptgebäude 1838 klassizistisch umgebaut. So ganz mittendrin ist man heute als Besucher aber doch

nicht. Dafür kann man Verständnis haben, denn das Schloss wird nach wie vor als Wohnsitz der Familie des Fürsten zu Wied genutzt. Und ständig fremde Gäste in ihren Privatgemächern möchten wohl doch eher Airbnb-Anbieter haben.

**INSIDER-TIPP**
**Adelsflair und alte Bäume**

Wer trotzdem adelige Luft schnuppern möchte, dem steht immerhin der weitläufige Schlosspark Neuwied offen, und der lohnt sich sommers wie winters für ausgiebige Spaziergänge und du findest sogar noch einige sehenswerte Baumveteranen des ehemaligen Arboretums. Der im Barockstil angelegte Garten befindet sich direkt hinter dem fürstlichen Schloss. Der 1810 in einen englischen Landschaftsgarten verwandelte und auf 15 Hektar erweiterte Schlosspark ist heute ein beliebtes Naherholungsgebiet mit Spiel- und Freizeitmöglichkeiten für die ganze Familie. *Schlossstr. 1 | neuwied.de/schloss-neuwied.html | Bus 56 Schlossstraße | ⏱ ½ Std. | ▥ E6*

### 4 GEDENKSTÄTTE EHEMALIGE SYNAGOGE

Bis zur Machtergreifung durch die Nazis hatte Neuwied ein reges jüdisches Leben. An die sehr dunkle Zeit in der jüngsten Geschichte Neuwieds erinnert das Mahnmal an der ehemaligen jüdischen Volksschule in der Synagogengasse. In der Reichspogromnacht im November 1938 wurde die von der jüdischen Gemeinde errichtete Volksschule gewaltsam geschlossen. Ein wirklich trauriger Treppenwitz der Geschichte, dass das Gebäude im Gegen-

## NEUWIEDER KÖPFE

**ELMAR HERMANN, KÜNSTLER**

„Neuwied ist traditionell eine Stadt der Freiheit und Toleranz. Nur auf dieser Grundlage kann sich Kultur entwickeln. Bis heute ist das erkennbar an Kunst und Architektur, aber auch am Karneval und an anderen Festen."

satz zu unzähligen anderen jüdischen Einrichtungen zwar die Nazis und den Krieg überlebte, nach dem Krieg aber den damaligen Stadtplanern im Weg stand und den Abrissbaggern zum Opfer fiel. Auch die in direkter Nachbarschaft stehende Synagoge aus dem Jahr 1748 wurde von den Nazis geschändet und später abgerissen.

Neben dem Mahnmal, das in die Mauerreste der Volksschule integriert wurde, erinnern „Stolpersteine" des Künstlers Gunter Demnig an die deportierten und später ermordeten Neuwiederinnen und Neuwieder jüdischen Glaubens. *Synagogengasse* | *Bus 56 Schlossstraße* | ⏱ ¼ Std. | 🗺 *F6*

### 5 STADTGALERIE ☂

Ein Phoenix, der zum Kunstraum wurde. 1985 erhob sich die durch einen Brand zerstörte Mennonitenkirche wieder aus der Asche und beheimatet heute die StadtGalerie, in der ständig wechselnde Kunstausstellungen stattfinden. Bis zum Februar 2020 quakten hier bildlich die Enten der „DUCKOMENTA" und eine Playmobil-Ausstellung weckte das Kind im Besucher. Aber nicht nur das Kind im Besucher kommt bei den themenorientierten Ausstellungen auf seine Kosten. Auch echte Kinder haben die Macher im Blick: **Einmal im Jahr ist eine Ausstellung thematisch speziell auf Kinder ausgerichtet.**

**INSIDER-TIPP**
**Kinder an die Kunst**

Und die Geschichte der Kirche? Die Anhänger des friesischen Theologen Menno Simons erhielten zwar 1680 die gräfliche Erlaubnis zur Gründung einer Kirchengemeinde, eine Kirche war aber nicht im Deal – auf deren Bau mussten die Mennoniten 90 Jahre warten. *Mi, Do, Fr 14–18, Sa, So und Feiertage 12–18 Uhr | Eintritt 5 Euro | Schlossstr. 2 | neuwied.de/galerie.html | Bus 56 Schlossstraße | ⏱ 1 Std. | 🗺 E6*

### 6 ALTES ZOLLHAUS

Von der StadtGalerie sind es, vorbei am Schärjer-Denkmal, nur ein paar Schritte bis zum Alten Zollhaus. Blasen läufst du dir also nicht. Nomen est omen, hier war bis in die 1960er-Jahre das Zollamt untergebracht. Ob die Zöllner Angst um ihre Einnahmen hatten? Der wuchtige Steinbau von 1696 lässt die benachbarten Fachwerkhäuser fast wie filigrane Elfen wirken, die dicken Mauern, schweren Balken und Gewölbe haben einen burgähnlichen

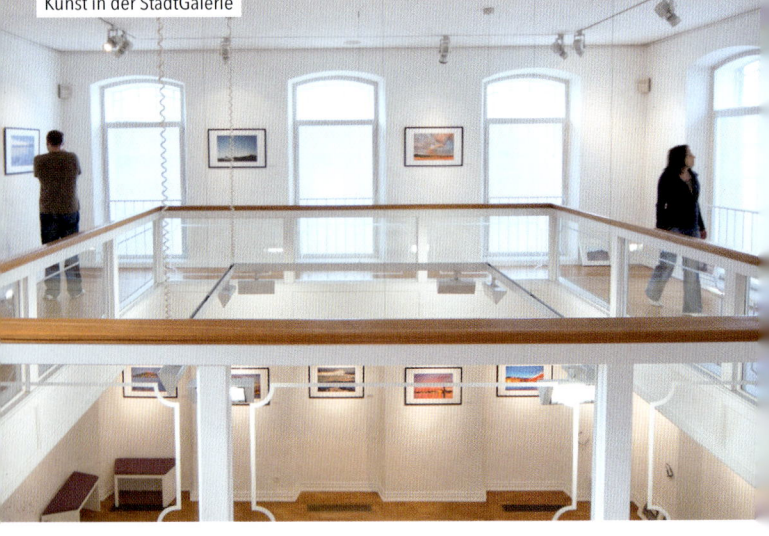

Kunst in der StadtGalerie

Charakter. Aber um den Zöllnern gerecht zu werden: Sie fanden es vielleicht ganz praktisch, hier zu residieren. Das markante Gebäude diente jedoch in seiner Erstnutzung der gräflichen Regierung als Salzmagazin. *Keine Innenbesichtigung | Ecke Rhein-und Mittelstr. | neuwied.de/altes-zoll haus.html | Bus 56 Schlossstraße |* ⏱ *¼ Std. |* 🗺 *F6*

## 7 EVANGELISCHE MARKT-KIRCHE

Heiliger Bimbam! Es dürfte ein ganz schönes Getöse sein, wenn in der Stadt, die ohne Kirchen undenkbar ist, alle Glocken gleichzeitig läuteten. Wo bereits jahrhundertelang Vorgängerkirchen gestanden hatten, wurde Ende des 19. Jhs. die Evangelische Marktkirche errichtet. Lutheraner und Reformierte dachten pragmatisch: Nach der Zerstörung der zweiten lutherischen Kirche durch einen Brand schlossen sie sich zu einer evangelischen Kirche zusammen – mit gemeinsamem Gotteshaus, einer Hallenkirche im neugotischen Stil. Durch Bombenangriffe im Zweiten Weltkrieg wurde der schlanke Turmhelm stark beschädigt und aus Kostengründen nach dem Krieg durch eine stumpf anmutende Bedachung ersetzt – sehr zum Leidwesen der damals architektonisch versierten Bürgerinnen und Bürger Neuwieds. Doch man arrangierte sich damit, und heute ist die Kirche ein sehenswertes Stück Neuwieder Kirchengeschichte. *Pfarrer-Werner-Mörchen-Str. 1 | markt kirche.de | Bus 67 Marktkirche |* ⏱ *½ Std. |* 🗺 *F6*

## 8 MOSELHAUS

Ein Moselhaus am Rhein? Zugegeben, besonders weit ist die Moselmündung in den Rhein nicht von Neuwied entfernt. Doch deshalb gleich die kleine Tochter hier preisen? Der ausgelobte weinhaltige Preis für einen Wettbewerb war offenbar die passende Motivation. Eine Gedenktafel über der Eingangstür erinnert an den ehemaligen Bewohner, der mit dem von ihm verfassten Lied zur Berühmtheit gelangte. Pfarrer Karl Theodor Reck beteiligte sich 1846 an einer öffentlichen Ausschreibung des „Casino" im Mosel-Weinort Traben-Trarbach. Eine Hymne brauchte der Fluss, die Verantwortlichen suchten damals ein „Mosellied", offenbar ein erster Marketingversuch im 19. Jh., um die Mosel als Touri-Region zu etablieren. Zwar landete „Im weiten deutschen Lande" des Pfarrers nur auf Platz 2, etablierte sich aber trotzdem als inoffizielle „Mosel-Hymne". *Keine Innenbesichtigung | Pfarrstr. 10 | neuwied.de/mo selhaus.html | Bus 52 Marktstraße |* ⏱ *¼ Std. |* 🗺 *F7*

## 9 HISTORISCHES RATHAUS

Prunk und Protz am Rathaus wie in anderen Städten, wo die Ratsherren sich und die Welt von ihrer Bedeutung überzeugen wollten: Das suchst du in Neuwied vergeblich. Bewusst wurde beim Bau des Rathauses auf architektonische Schnörkel verzichtet. Der Grund lag auf der Hand: Die Stadt war einfach zu arm, vielleicht auch zu bescheiden, um der Stadtverwaltung eine allzu aufwendige Hülle zu verpassen. Damit aber kein Missver-

# NEUWIEDER KÖPFE

**JOST GABRIEL, INHABER NEWCUT WERBEFILME E.K. UND DER DRONAUTEN®**

„Ich bin immer wieder fasziniert von den unterschiedlichen Facetten meiner Heimatstadt. Je nach Auftrag brauche ich Rheinromantik, wunderschöne Sonnenuntergänge über dem Rheinbecken, verschlungene Pfade im Wiedtal oder urbanes, multikulturelles Leben und Industrie als Set."

ständnis entsteht: Bauliche Schlichtheit ist nicht gleichzusetzen mit Langeweile, sondern mit klar gegliederten, harmonischen Linien, und Schnörkel wären sogar fehl am Platze. Und man sollte sich das Rathaus einmal während der üblichen Öffnungszeiten der Stadtverwaltung ruhig auch von innen anschauen. Das historische

Rathaus in seiner heutigen Form ist einer Schenkung zu verdanken. Das 1740 errichtete Gebäude diente einstmals als Palais des „General Neuwied", Bruder des regierenden Grafen Friedrich Alexander zu Wied. Anschließend wurde es für die Alten- und Waisenpflege genutzt und ging dann in den Besitz der Firma Remy & Barenfeld über, die hier Emailgeschirr produzierte. 1912 zog nach einer Modernisierung schließlich die Stadtverwaltung ein, die damals das Gebäude aber noch mit der Höheren Mädchenschule teilen musste. Bis 1998 diente es als Rathaus für die Bürgerinnen und Bürger Neuwieds, heute haben hier neben der Stadtverwaltung die Stadtbibliothek und das Standesamt eine Heimat gefunden. *Mo–Fr 10–18 Uhr | Pfarrstr. 8 | neuwied.de/rathaus.html | Bus 357 Marktkirche | ⏱ ½ Std. | ▥ F7*

## 🔟 NEUWIEDER DEICH ⭐

Auf einen Deich gehören Schafe. So weit die Theorie (und vielerorts die Praxis). Von dieser Vorstellung musst du dich in Neuwied allerdings leider verabschieden; wollige Gesellen und ambitionierte Hunde suchst du hier vergeblich. Ansonsten steht der Neuwieder Deich seinen Verwandten an der Küste jedoch in nichts nach: Er schützt die Innenstadt bis zu einem Pegelstand von 11,20 Meter vor dem Rheinhochwasser. Der in den Deich integrierte Pegelturm mit seiner markanten Bauform und der im Mauerwerk verbauten Pegelanlage ist eine Landmarke und sinnbildliches architektonisches Wahrzeichen für Neu-

**INSIDER-TIPP**
**R(h)ein-geschaut!**

wied als Deichstadt am Rhein. Im Deichinformationszentrum erfährt man alles Wissenswerte rund um die Geschichte des Hochwasserschutzdeiches, das Hochwasser und seine Auswirkungen in Neuwied. Spannend: Hier kommen Zeitzeugen zu Wort, die die dramatischen Hochwasser noch live erlebt haben. Und wenn du selbst Hochwasser simulieren willst: An einer interaktiven Station kann man nachvollziehen, wie sich das Rheinhochwasser ohne Deich in der Stadt ausbreiten würde. *Fr–So, Fei 14–17 Uhr | Schlossstr. 2 | deichinfo.de | Bus 70 Schlosstheater |* ⏱ *2 Std. |* 🗺 *E6*

### 🔟 GOETHE-ANLAGEN 👁

Ja, er war hier! Zwar kritzelte er keine später weltberühmten Zeilen auf ir-

gendwelche Herbergswände, aber der Schreiber aus Frankfurt war nachweislich auch in Neuwied – während seiner berühmten Rheinpartie im Jahr 1774. Für die Ehrung des Dichterfürsten nahm man sich aber knapp 200 Jahre Zeit. In der Vergangenheit konnten die Neuwieder Bürgerinnen und Bürger auf dem Wilhelmsplatz ihre Wäsche bleichen und trocknen. Goethes 200. Geburtstag 1982 war schließlich der Anlass, ihm seiner Bedeutung entsprechend zu huldigen: Aus dem Wilhelmsplatz wurden nach einer gründlichen Sanierung kurzerhand die Goethe-Anlagen. Im Jahr 2011 wurden die Anlagen gartenarchitektonisch umgestaltet. So entstand neben einer großzügigen Grünfläche auch ein beliebter Kinderspielplatz mit Wasserfontäne und anderen Spielmöglichkeiten. Ein Hauch von Frank-

Schickes Gemäuer: das Historische Rathaus von Neuwied

reich weht über die neu angelegte Boule-Bahn; eine weinberankte Pergola erinnert daran, dass in der Region auch gute Tropfen produziert werden. *Rheinstr. 56 | Bus 70 Marktstraße | ⏱ 1 Std. | ▭ F7*

## 12 NEUWIEDER RHEINBRÜCKE

Ein Funktionsbau kann nicht malerisch sein? Lass dich von der Raiffeisenbrücke – der Name ist eine Hommage an den großen Sozialreformer und Bürgermeister von Heddesdorf – eines Besseren belehren.

**INSIDER-TIPP**
**Chillen mit Brückenblick**

Setz dich an einem lauen Sommerabend ans Rheinufer, vielleicht mit einem leckeren Drink oder einem Picknick, und dann lass' einfach die geometrische Dynamik der Brücke in der Abenddämmerung auf dich wirken, wenn sie stimmungsvoll beleuchtet ist. Einen Kontrapunkt zu den aufstrebenden Linien der Pylonen setzt der runde Pegelturm am Deich, der abends gleichfalls angestrahlt wird.

Dass man mit einer Brücke schneller über einen Fluss kommt als mit einer Fähre, war schon im frühen 20. Jh. klar: Im November 1935 wurde die Neuwieder Rheinbrücke ihrer Bestimmung übergeben. Im Zweiten Weltkrieg komplett zerstört, wurde die Brücke innerhalb von fünf Jahren wiederaufgebaut – allerdings nicht dem zunehmenden Verkehrsaufkommen angemessen. Fazit nach erfolglosen Reparaturversuchen der zahlreichen Schäden: Eine neue Brücke musste her. 1978 wurde die moderne sechsspurige Tragseilbrücke ihrer Bestimmung übergeben. *neuwied.de/rheinbruecke.html | Bus 37, 335 Langendorfer Straße | ⏱ ½ Std. | ▭ F7*

## 13 HERRNHUTER VIERTEL ★

Du spazierst entlang zwischen hellen Häuserfassaden mit einladend geöffneten Holzblendläden; dein Blick bleibt immer wieder hängen an fein geschnitzten hölzernen Eingangstüren; aus den schieferverkleideten Mansarddächern lugen Fenster hervor. Und hast du da nicht im Augenwinkel eine Dame im langen Ausgehkleid und einen Herrn im Gehrock erspäht, die hinter dir die Straße entlangflanieren?

**INSIDER-TIPP**
**Zeitsprung!**

Eine Zeitreise in das 18. Jh. scheint problemlos möglich im Herrnhuter Viertel.

Der sehr tolerante Umgang mit der Religionsfreiheit zog auch Mitglieder der Religionsgemeinschaft „Herrnhuter Brüdergemeine", die ihre ursprüngliche Heimat in der Oberlausitz im Städtchen Herrnhut hat, Mitte des 18. Jhs. in die Stadt. Aus bescheidenen Anfängen entstand das Herrnhuter Viertel in der Innenstadt, noch heute ein echter Anziehungspunkt, auch wenn die Wohnhäuser des Viertels leider nicht von innen besichtigt werden können. Allerdings steht das Museum „Brüderstübchen", das auch gleichzeitig als Archiv genutzt wird, für weitere Informationen zur Verfügung. Sämtliche Wohnhäuser wurden in einem einfachen, einheitlichen Stil erbaut. Einige Häuser besitzen heute noch die Original-Eingangstüren von Abraham und David Roentgen. Die Gemeinde wurde auch internationale

Bildungsstätte, seit 1756 wurden Schüler aus dem In- und Ausland in der „Herrnhuter Knabenanstalt" betreut, und es gab ab diesem Jahr sogar einen Kindergarten – sehr ungewöhnlich für die Zeit. Die Zinzendorfschule von 1870 wird heute von der Bundesfachschule des Lebensmittelhandels genutzt. *Besuch des Museums nur nach telefonischer Anmeldung | Friedrichstr. 41 | Tel. 02631 2 40 44 | ebg-neuwied.de | Bus 52 Marktstraße | ⏱ 1 Std. | ▥ F6–7*

### 14 ROENTGEN-MUSEUM ★

Das ö macht den kleinen, aber feinen Unterschied: Im Roentgen-Museum wirst du nicht von unsichtbaren Röntgenstrahlen durchleuchtet. Man erfährt in diesem Museum allerdings einiges Erhellendes über den Neuwieder Kunsttischler, der das Handwerk von seinem Vater Abraham gelernt hatte und einer der angesagtesten Möbelkünstler des ausgehenden 18. Jhs. war. Zu sehen ist im Roentgen-Museum die größte Sammlung von Roentgen-Möbeln Deutschlands, die im 18. und frühen 19. Jh. die Wohnkultur in europäischen Palästen bestimmten. Kostbare Dekore, kunstvolle Einlegearbeiten und technische Raffinessen überzeugten. Wer was zu verbergen hatte, erfreute sich an den „mechanischen Möbeln", denn David Roentgen, wohl einer der ersten Designer, verbaute hier clever versteckte Geheimfächer. *Di–Fr 11–17, Sa–So 14–17 Uhr | Eintritt 3 Euro (samstags kostenlos) | Raiffeisenplatz 1 a | kreismuseum-neuwied.de | Bus 107 Bahnhof | ⏱ 1½ Std. | ▥ F6*

Wo einst die „Brüder" lebten: das Herrnhuter Viertel

# RAIFFEISEN

## EINER FÜR ALLE – ALLE FÜR EINEN

**Ein Mann, von dem heute über eine Milliarde Menschen auf der ganzen Welt profitieren. Seine Idee: die Organisation in Genossenschaften, die Stärke der Gemeinschaft.**

Das Ergebnis: über 8000 Genossenschaften und genossenschaftlich organisierte Unternehmen wie Raiffeisen-Märkte, Versicherungen oder die Banken im genossenschaftlichen Verbund in Deutschland.

### CLEVER BROTE BACKEN UND ANDERE IDEEN

Friedrich Wilhelm Raiffeisen wurde am 30. März 1818 in Hamm an der Sieg im Westerwald geboren und kehrte nach einer preußischen Verwaltungsausbildung in Koblenz und bei der Kreisverwaltung in der Eifel 1845 in den Westerwald zurück. Er wurde Bürgermeister von Weyerbusch – mit gerade mal 26 Jahren. Ein Segen für

die von Hunger und Not gepeinigte Landbevölkerung: Um den Menschen zu helfen, gründete Friedrich Wilhelm Raiffeisen den „Weyerbuscher Brodverein". Die Idee war so einfach wie genial: Direkt neben der Bürgermeisterei ließ er ein Backhaus bauen, das die notleidende Bevölkerung fortan mit frisch gebackenem Brot versorgte. Das Brot wurde jedoch nicht verschenkt. Wer nicht sofort zahlen konnte – und das waren viele –, erhielt einen Schuldschein, der später eingelöst oder abgearbeitet werden konnte. Das Geld für den Kauf von Korn und Mehl holte sich Raiffeisen im Rahmen ihrer Mitgliedschaft von den wohlhabenden Bürgerinnen und Bürgern der Region.

In der Nachbargemeinde Flammersfeld wartete 1848 der nächste Bürgermeisterposten – und neue Herausforderungen. Der „Hülfsverein zur Unterstützung unbemittelter Landwirthe" stellte den Bauern Finanzmittel zur Verfügung, damit sie günstig Vieh und dringend benötigte Ackergeräte anschaffen konnten.

Raiffeisen vollendete sein Werk in Heddesdorf. Im heutigen Neuwieder Stadtteil baute er in seiner Amtszeit als Bürgermeister von 1852 bis 1865 nicht nur dringend erforderliche Straßen. 1864 gründete er neben dem „Heddesdorfer Wohltätigkeitsverein" auch den „Darlehenskassen-Verein". Damit legte er den Grundstein für die weltumspannende Genossenschaftsidee.

Auch einen Bestseller schrieb er. Der Titel „Die Darlehenskassen-Vereine als Mittel zur Abhilfe der Not der ländlichen Bevölkerung, sowie auch der städtischen Handwerker und Arbeiter" war zwar etwas sperrig, traf aber einen Nerv, denn Raiffeisen musste das Buch bereits zu Lebzeiten fünfmal aktualisieren.

Kurz vor der Vollendung seines 70. Geburtstags und der Verleihung der Ehrendoktorwürde der Rheinischen Friedrich-Wilhelms-Universität Bonn starb der engagierte Genossenschaftsgründer fast erblindet am 11. März 1888 in Heddesdorf.

### AUF RAIFFEISENS SPUREN

Straßen haben in Raiffeisens Leben schon immer eine wichtige Rolle gespielt. Zu seinen Lebzeiten waren viele Ortschaften des Westerwaldes von der Außenwelt abgeschnitten. Und so ist auch die 1984 ins Leben gerufene Historische Raiffeisenstraße, die den Westerwald mit dem Rhein verbindet, ein Sinnbild für sein Werk.

Los geht's in Raiffeisens Geburtsort Hamm an der Sieg. Im **Deutschen Raiffeisenmuseum** (*Infos zur Besichtigung auf der Website | Eintritt 3 Euro | Raiffeisenstr. 10 | 57577 Hamm (Sieg) | hamm-sieg.de/hamm/de/Raiffeisenmuseum*) kann man sich detailliert über Raiffeisen und seine revolutionäre Genossenschaftsidee informieren.

Auf der heutigen Bundesstraße 256 geht die Reise auf Raiffeisens Spuren weiter nach Weyerbusch. Eine sympathische Skulptur von Raiffeisen und zwei Kindern (Foto) begrüßt die Gäste am **Raiffeisen-Begegnungszentrum (RBZ)**, dessen Seminargebäude für Veranstaltungen genutzt werden kann. Gleich neben dem alten Bürgermeisterhaus gibt es im Nachbau eines für die Region typischen Backhauses (dem sogenannten Backes) Brot nach Originalrezepten.

Gut 8 km südlich liegt die Gemeinde Flammersfeld mit dem **Raiffeisenhaus** (*Infos zu Öffnungszeiten auf der Website | Eintritt 3 Euro | Raiffeisenstr. 11 | 57632 Flammersfeld | vg-altenkirchen-flammersfeld.de/kultur-und-bildung/raiffeisenmuseum*). Das hübsche Fachwerkhaus in einem liebevoll angelegten Garten war Arbeits- und Wohnsitz des Sozialreformers während seiner zweiten Bürgermeisterposition. Auf zwei Etagen kann man sich hier über Raiffeisens Lebenswerk informieren und in historischer Kulisse auch heiraten.

Nach 40 Kilometern geht die Spurensuche in Heddesdorf zu Ende. Dort ist Raiffeisen im **Familiengrab auf dem Friedhof am Sohler Weg** begraben.

Der Alte Friedhof ist ein fast magischer Ort

### 15 ALTER FRIEDHOF ★ ⚑

Spürst du auf alten Friedhöfen einen morbiden Charme, der dir Gänsehaut verursacht? Hörst vielleicht ein gruseliges Stöhnen oder ein gespenstisches Knarren? Keinen Grund zum Gruseln gibt es auf dem 1783 eingeweihten Gottesacker in Neuwied. Denn der ist zu einem Ort der Stille geworden, an dem man hervorragend entschleunigen kann. Längst ist aus der Ruhestätte für über 4000 Neuwieder Bürgerinnen und Bürger eine gepflegte Parkanlage geworden. Die alten Grabsteine lesen sich wie ein „Who's who" der lokalen Bürgerschaft. Als erster Promi wurde hier Fürst Johann Friedrich Alexander zu Wied beerdigt. Im Laufe der vielen Jahrzehnte folgten weitere Honoratioren wie Christoph Heinrich Reusch, der als Erfinder des Blümchenkaffees „Mucke-

fuck" gilt. Oder Johann Gottlob Bernstein, der es als Bader ohne Medizinstudium bis zum Professor an der Berliner Universität schaffte. Neben der Grabstätte für die kleine Tochter von Hoffmann von Fallersleben entdeckst du auch die Grabplatte von Rudolph Knie, einem der Gründungsväter des berühmten gleichnamigen Zirkus. *Führungen 5 Euro, ermäßigt 3 Euro | Friedrich-Siegert-Str. | neuwied. de/thema-alter-friedhof.html | Bus 52, 55, 101, 107 Ortskrankenhaus Nord | ⏱ 1½ Std. | ▥ F6*

### 16 PFARRKIRCHE ST. MATTHIAS ★

Platz da für die Kunst; da wird auch schon mal eine Kirche umgekrempelt. Die Pfarrkirche wird bis auf die fest eingebauten Altäre und die Klais-Orgel regelmäßig leer geräumt und im

Rahmen der Reihe „Kirche & Kunst" als freier Kunstraum mit rund 19 000 m² Ausstellungsfläche genutzt.

Das war natürlich zu Beginn des 19. Jhs. noch undenkbar, „Sakrileg!", hätte man wohl geschrien. Damals dachte man sich, was die Protestanten können, können die Katholiken schon lange. Als die Reformierten und Lutheraner schon längst ein eigenes Gotteshaus in Neuwied hatten, musste sich die katholische Kirche mit einer Kapelle vor der Stadt begnügen. Mit der Stadterweiterung rückte die Ka-

## NEUWIEDER KÖPFE

**HANS-JOACHIM FEIX, STADTFÜHRER UND FRIEDHOFSEXPERTE**

„Der Besuch des Alten Friedhofs in Neuwied ist für mich eine einzigartige Zeitreise in die Geschichte unserer Stadt."

pelle mehr ins Zentrum, wurde 1852 erweitert, zwischen 1899 und 1904 jedoch durch die neue St.-Matthias-Kirche ersetzt. Während des letzten Krieges wurden sämtliche Chor- und Seitenfenster zerstört und anschließend durch kleinere ersetzt. Später wurden sie jedoch in ihrer damaligen Größe wiederhergestellt und mit modernen Glasmalereien gestaltet. *Heddesdorfer Str. 10 | pfarreiengemeinschaft-neuwied.de | Bus 56 An der Marktkirche | ⧖ ½ Std. | ▥ F6*

## 17 DEUTSCHES FLIPPER-MUSEUM ★

Hier kannst du dir getrost die Kugel geben. Nein, das ist keine Aufforderung zum Suizid! Und wer jetzt an den äußerst pfiffigen Meeressäuger denkt, ist gänzlich auf dem Holzweg. Axel Hillenbrand und seine Mitstreiter präsentieren im Deutschen Flippermuseum eine Auswahl an Flipperautomaten, die ab 1947 in fast jeder Kneipe zu finden waren. Über 150 blinkende und lärmende Automaten haben die Flipper-Freunde im Laufe der Jahre zusammengetragen. Zu den zahlreichen Besucherinnen und Besuchern des außergewöhnlichen Museums gehören vor allem Väter mit ihren Söhnen. Da möchte man dem Nachwuchs zu gern beweisen, wie toll man mit dem Flipperball umgehen kann. Noch ein Clou: Man kann im „Flipperhotel" auch zwischen Flippern nächtigen ➤ S. 90. *Sa–So 14–18 Uhr, Eintritt 6 Euro, ermäßigt 3,50 Euro | Herrmannstr. 9 | flippermuseum.eu | Bus 56, 131, 335, 357 Schlossstraße | ⧖ 2 Std. | ▥ F6*

## NEUWIEDER KÖPFE

**JAKOB BUHRY, FLIPPER-MUSEUM**

„In Neuwied am Rhein ist es so schön, weil hier die Kugel auch gegen den Strom läuft. Hier findet jeder sein Ziel."

### 18 LUISENPLATZ

Jede Stadt hat diesen einen Platz, auf den man besonders stolz ist. In Neuwied ist das der Luisenplatz, der Schauplatz zahlreicher Open-Air-Veranstaltungen ist. Open air vergnügte man sich hier auch früher, denn die am Reißbrett entstandene Planstadt Neuwied bekam um 1750 mit der Louisen-Straße einen großzügig angelegten Prachtboulevard. Aus dem wurde später der heutige Luisenplatz. Vor jedem der vier noch heute bestehenden umschließenden Häuserkarrees

ließen die Architekten Teiche anlegen, auf denen sich Wasservögel tummelten. Deren Wasserspaß währte allerdings nicht einmal ein Jahrhundert; 1830 soll der letzte Teich im Rahmen einer Umgestaltung zugeschüttet worden sein. Seit 1939 ist der Luisenplatz Teil der Neuwieder Fußgängerzone. Bis auf den sommerlichen „Französischen Markt", der auf dem Marktplatz stattfindet, werden alle Märkte – vom Wochenmarkt bis zum „Festival der Currywurst" ➤ S. 88 – hier veranstaltet. *Bus 70, 76, 131, 357 Schlossstraße Luisenplatz |* 🕐 *¼ Std. |* 📖 *F6*

# ALTWIED

**Altwied mit seiner Burg liegt inmitten des Naturparks Rhein-Westerwald und gilt als Stammsitz der Grafen zu Wied.**
Seit fünf Jahrzehnten ist Altwied der kleinste Stadtteil Neuwieds, aber dennoch einen Abstecher wert – und vom neuen ins alte Wied ist es auch nur ein Katzensprung.

### 19 BURG ALTWIED

Gleich auf drei Seiten umfließt die namensgebende Wied die auf einem schmalen Felsenkamm thronende Burg Altwied. Die wurde seit ihrem Bau im 12. Jh. bekämpft oder gar zerstört – Burgen hatten eben nicht nur Fans. Bis zum Jahr 1690 hatten hier die Mitglieder der Fürstenfamilie zu Wied ihren Hauptwohnsitz. Doch mit dem Auszug verfiel die Burg mit ih-

rem charakteristischen Burgfried zu-
sehends. Und damit nicht genug: Für
den Bau von Schloss Monrepos plün-
derte man die einst stolze Burg als
Steinbruch. Erst 1927 nahm sich der
Heimatbund Altwied der Ruine an –
besser spät als gar nicht. Im Laufe der
Jahre wurde das Gelände als Kulisse
für Freilichtspiele rund um die wiedi-
sche Grafengeschichte und Klassiker
der Theatergeschichte genutzt. Heute
kann die teilweise restaurierte und
nicht mehr öffentlich zugängliche
Burg Altwied nur noch nach vorheri-
ger Anmeldung im Rahmen einer
Burgführung besich-
tigt werden. Das aber
bietet die Möglich-
keit, die Familienge-
schichte der Grafen zu Wied, die maßgeblich an der Stadtgeschichte
Neuwieds beteiligt waren, etwas näher kennenzulernen. *Führungen auf
Anfrage | Im Wiedtal 63 | neuwied.de/
burg-altwied.html | Bus 101, 131
Burg Altwied | ⏱ 1 Std. | ▥ F2*

**INSIDER-TIPP**
**Spurensuche
bei Fürstens**

# SEGENDORF

**Nördlich der Neuwieder Innenstadt
liegt der Stadtteil Segendorf, der
bis 1910 eine eigenständige Gemeinde am rechten Ufer der Wied
war.**

Segendorf ist vor allem für sein außergewöhnliches Schloss bekannt.

### 20 SCHLOSS MONREPOS ★

Kennst du das? Diesen unwidersteh-
lichen Drang, ein bestimmtes Objekt
unbedingt besitzen zu wollen? Lässt
dich dein Sammeltrieb wie besessen
Läden und Flohmärkte durchstöbern
auf der Suche nach diesem einen Teil,
das dir noch fehlt? Wenn du dich
schon mal gefragt hast, woher dieser
Trieb kommt, warum du jagend und
sammelnd unterwegs bist – hier findest du die Antworten.

In Schloss Monrepos wird erforscht,
warum das Jagen und Sammeln un-
ser soziales Verhalten formten. Denn

bis heute bestimmt die frühe Menschheitsgeschichte das Verhalten von Männern, Frauen und Kindern. Wie früh die Menschheitsgeschichte ist, die dich hier erwartet, darauf weist schon Max hin. Max? Das ist die Skulptur eines Mammuts auf dem Außengelände des Forschungszentrums.

Schloss Monrepos ist als Begriff allerdings etwas irreführend. Einstmals als Wohnsitz der fürstlichen Familie zu Wied im 18. Jh. erbaut und später als Sommerresidenz im 19. Jh. genutzt, existiert das eigentliche Schloss Monrepos heute nicht mehr. Das offizielle MONREPOS Archäologische Forschungszentrum und Museum für menschliche Verhaltensevolution ist seit 1998 in einem Nebengebäude, dem Palais der Prinzessinnen, beheimatet und betreibt als Abteilung des Römisch-Germanischen Zentralmuseums Mainz am Leibniz-Forschungsinstitut für Archäologie Spitzenforschung. Die Forschungsergebnisse werden durch die Dauerausstellung „MenschlICHes VERSTEHEN" direkt erlebbar gemacht, und man tritt als Besucher in den unmittelbaren Austausch mit den Exponaten und lässt sich zurückführen auf den langen Weg zu seinen eigenen Wurzeln. *Di–So 10–17 Uhr | Eintritt 6 Euro, ermäßigt 4 Euro | Schloss Monrepos | monrepos.rgzm.de | Bus 53 Waldesruh, von dort Fußweg | ⏱ 2 Std. | ▭ E2*

**INSIDER-TIPP**
**Ahnenforschung!**

Mammut Max zeigt, wo's in Monrepos hingeht: nämlich in die Eiszeit

# OBERBIEBER

**Etwa sieben Kilometer vom Stadtzentrum entfernt liegt der Stadtteil Oberbieber – genau zwischen dem Neuwieder Becken und dem Westerwald.**

Seit 1970 gehört die ehemalige eigenständige Ortsgemeinde zur Stadt Neuwied.

## 21 STAUSEE OBERBIEBER

**INSIDER-TIPP
Alles im grünen Bereich**

Einfach mal in Natur machen, Schwäne gucken und Fauna und Flora genießen? Am Aubach-Stausee wird dir der Wunsch nach Naturerleben erfüllt. Auch wenn der eigentliche Schwanenteich nicht mehr existiert – der lag früher direkt neben dem heutigen Aubach-Stausee. Die Schwäne scheint es nicht zu stören, die drehen unverdrossen ihre Runden. Und auch die Neuwieder und Neuwiederinnen schätzen das grüne Naherholungsgebiet – und das schon seit mehr als 50 Jahren, als der Zufluss des Aubachs reguliert werden sollte und, da schlug man praktischerweise zwei Fliegen mit einer Klappe, den Bürgerinnen und Bürgern ein grünes Paradies vor den Toren der Innenstadt bescherte.

Im 19. Jh. befand sich hier neben einer Silberschmelzhütte die 1893 abgebrannte Paulsmühle. Wo früher das Silber geschmolzen wurde, kann heute gefeiert werden – dem Heimat- und Verschönerungsverein Oberbieber mit der Eintracht-Hütte sei Dank. Erschöpft von deiner Wanderung?

Kein Problem. Direkt am Stausee sorgt ein Kneipp'sches Wassertretbecken von außen für herrliche Erfrischung. Innerlich abkühlen kann man dann in dem idyllisch gelegenen Biergarten des Hotel-Restaurants „Zum Schwanenteich". *Parkplatz am Schwanenteich | Zum Aubachtal | ⏱ ¾ Std. | ▥ J2*

## 22 LIMESTURM

Den Lateinunterricht fandest du in der Schule so richtig blöd? Längst verschüttete Lateinkenntnisse musst du nicht ausgraben, nur ein bisschen Fantasie bemühen, um dir die römischen Soldaten vorzustellen, die am Obergermanisch-Raetischen Limes patrouillierten. Auf Neuwieder Gebiet finden sich auf 18,5 km römischen Grenzwalls 31 Wachposten und drei Kleinkastelle. Patrouillieren ist eher nicht das, was neuzeitlichen Wanderern vorschwebt; eine informative, abwechslungsreiche Wanderung passt da schon eher. Auf dem historischen Römer- und Keltenwanderweg, der an Oberbieber, Gladbach und Heimbach-Weis vorbeiführt, erfährt man Einzelheiten zu den Ausgrabungen und Rekonstruktionen entlang des Limes.

Bereits 1970 wurde der Limesturm auf dem Wingertsberg im Neuwieder Stadtteil Oberbieber aufwendig rekonstruiert. Wie das historische Vorbild wurde das Untergeschoss des Wachturms in Steinbauweise und das Obergeschoss in Fachwerk errichtet. Archäologen legten weitere Standorte von Wachtürmen und eines Kastells frei und versahen sie mit entsprechen-

den Hinweistafeln. Weitere Ausgrabungen sind geplant. *Wingertsbergstr. | neuwied.de/weltkulturerbe-limes.html | Bus 58 Hermesplatz, dann Fußweg | ⏱ 1 Std. | 🗺 H2*

# NIEDER-BIEBER

**Auf den Spuren von Cäsar und Co. ... wandelst du hier nur noch indirekt. In Niederbieber befand sich ein bedeutendes Grenzkastell des Obergermanisch-Raetischen Limes; das liegt allerdings längst weitgehend verborgen unter anderen Bauwerken. Immerhin sind aber noch Grundmauern beispielsweise des Kastellbads zu sehen.**

Aus späteren Zeiten datieren einige architektonisch interessante Villen und Fachwerkhäuser, die deinen Spaziergang durch den Ort begleiten.

### 23 ALTES BACKHAUS

Im ersten Stock debattiert der Stadtrat, im Erdgeschoss werden Brot und Brötchen gebacken und irgendwo findet auch noch Schulunterricht statt? Multifunktionalität ist keine Erfindung des 21. Jhs.: In Niederbieber wurde mit dem Rat-, Schul- und Backhaus bereits 1736 das erste multifunktional nutzbare Gebäude errichtet. Während der Gemeinderat im Obergeschoss des Fachwerkhauses tagte, kümmerten sich die Männer und Frauen im steinernen Unterbau um frisches Brot. *Mi 11–22 Uhr | Backhausgasse 1 | Tel. 02631 34 32 72 | Bus 51 Niederbieber Post | ⏱ ½ Std. | 🗺 F4*

# FELD-
# KIRCHEN

**Wo in grauer Vorzeit eiszeitliche Jäger lebten und historisch wertvolle Spuren hinterließen und weitaus später die durchziehenden Franken im 6. bis 8. Jh. ihre Verstorbenen begruben, entstand Feldkirchen mit seinen Ortsteilen Fahr, Gönnersdorf, Hüllenberg und Wollendorf. Bis 1970 war Feldkirchen eine eigenständige Gemeinde, seitdem ist es Teil der Stadt Neuwied.**

Neben einigen weiteren Fachwerkhäusern lässt vor allem das „Rheinische Haus" das Herz von Fachwerk-Junkies höherschlagen – auch wenn das im Privatbesitz befindliche Gebäude nur von außen bestaunt werden kann. Wenig pietätvoll ging man im 19. Jh. mit der Ruine des einstigen Schlosses Friedrichstein um. Schnelleres Vorankommen war wichtiger als alte Mauern, und so fiel die Ruine dem Eisenbahnbau entlang des Rheins zum Opfer.

### 24 FELDKIRCHE

Nomen est omen – oder die Kirche, die dem Stadtteil den Namen gab, die einst tatsächlich auf einem Feld stand und in der du in uralten Mauern auch auf Kunst des 20. Jhs. triffst. Im Volksmund wird die Feldkirche auch liebevoll „tausendjährige Feldkirche" genannt. Und das ist tatsächlich noch eine glatte Untertreibung, denn ihr tatsächliches Baujahr liegt weiter zurück, vermutlich im 10. oder 11. Jh. Der eigentliche Kernbau der romanischen Pfeilerbasilika entstand jedoch erst zwischen 1150 und 1200. Ein Bombenangriff zerstörte 1944 Chor und Apsis und mit ihnen auch sämtliche Kirchenfenster. Sieben Jahre nach Kriegsende begannen der Wiederaufbau und die Restaurierung der Fenster. Die symbolischen Glasmalereien von Professor Georg Meistermann, der an der Kunsthochschule Düsseldorf lehrte, stellen in jedem Kirchenfenster Verse aus der Bibel bildlich dar. Und damit besitzt die Feldkirche ein ebenso sehenswertes wie bedeutendes Zeugnis moderner Sakralkunst, die man auch in den Kirchen des Vatikans findet. *Feldkircher Str. 89 | neuwied-feldkirchen.net | Bus 56 Blindenschule | ⏱ ¾ Std. | 🗺 D4*

**INSIDER-TIPP**
**Bilderbibel**

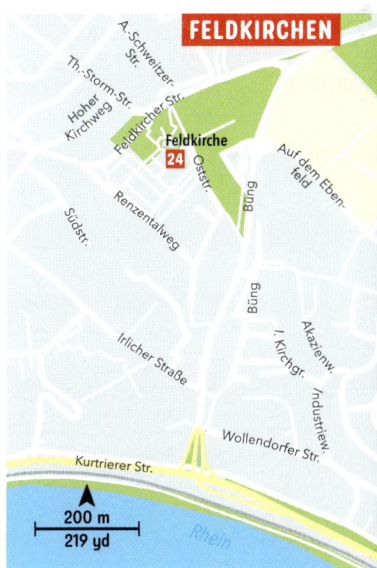

# GLADBACH

**Das fränkische Dorf Gladbach im Engersgau wurde erstmals 1098 erwähnt.**

Historiker gehen jedoch davon aus, dass es schon weit vor dieser Zeit eine menschliche Ansiedlung am gleichnamigen Flüsschen gab.

### 25 HEIMATMUSEUM

Briketts statt Zentralheizung, ein holzbefeuerter Herd – klingt ein bisschen wie nach Aussteigerurlaub? Für die rheinländischen Bauern war die einfache Ausstattung ohne neuzeitlichen Komfort (harter) Alltag. Wie der genau aussah, sieht man im Heimatmuseum Gladbach. Hier hat der Heimat- und Verschönerungsverein interessante

Exponate wie Schulbänke, Küchenherd oder Kaminofen aus früherer Zeit zusammengetragen und vermittelt anhand alter Einrichtungsgegenstände und Werkzeuge vor allem die rheinische Bauernkultur – und dass der Schulalltag für die damaligen Kinder alles andere als ein Zuckerschlecken war. *Öffnungszeiten und Führungen auf Anfrage,* 🐷 *Eintritt frei | An der Marienkirche 7 | hvv-gladbach.de | Bus 52, 67 Kirche Gladbach |* 🕐 *1½ Std. |* 🗺 *J4*

# HEIMBACH-WEIS

**Fast wie im richtigen Leben. Da kommt man sich allmählich näher, kuschelt miteinander, und ehe man sich's versieht, ist man verheiratet und trägt einen Doppelnamen. So geschah es auch den Ortskernen von Heimbach und Weis, die im Laufe der Jahre baulich so eng zusammenwuchsen, dass die beiden sich 1960 zur Bindestrich-Gemeinde Heimbach-Weis vereinigten.**

Was in einer Ehe dann doch eher undenkbar ist, nämlich, dass sich ein Dritter namentlich in die Beziehung einbringt, passierte zehn Jahre später, als das traute Paar in die Stadt Neuwied eingemeindet wurde. Lange – sehr lange – vor dem Zusammenkommen waren auch hier, wie an vielen anderen Stellen der Region, die Römer umtriebig. Zwischen Heimbach-

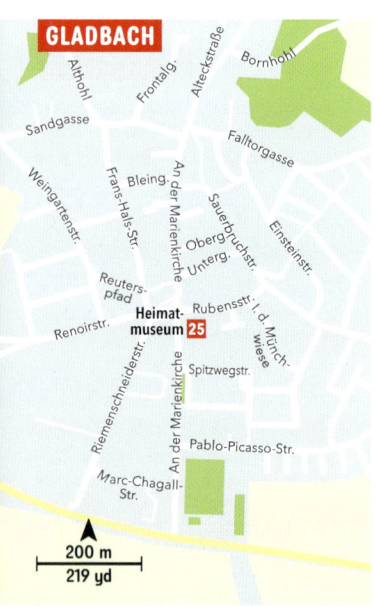

GLADBACH

Althohl
Frontalg.
Alteckstraße
Bornhohl
Sandgasse
Falltorgasse
Weingartenstr.
Franz-Hals-Str.
Bleing.
An der Marienkirche
Sauerbruchstr.
Einsteinstr.
Obergrund
Unterg.
Reuterspfad
Rubensstr. i. d. Münch-
wiese
Renoirstr.
**Heimat-museum 25**
Spitzwegstr.
Riemenschneiderstr.
An der Marienkirche
Pablo-Picasso-Str.
Marc-Chagall-Str.

200 m
219 yd

Weis und der Ortsgemeinde Anhausen schufen sie ein Kleinkastell, das als Bodendenkmal geschützt ist.

### 26 ABTEI ROMMERSDORF ★

Kutten rascheln leise in der Morgendämmerung über den Boden, Rosenkränze klackern, und in einem Weinfass schwimmt ein toter Mönch. Halt, nein, zurück auf null: Das Historiendrama „Der Name der Rose" hat hier nicht gespielt – hätte es aber können. Doch Umberto Eco hat sich eine andere Location ausgesucht, und auch die Dreharbeiten zum gleichnamigen Film fanden ein Stück weiter rheinabwärts statt. Gemein hat die ehemalige Prämonstratenserabtei Rommersdorf mit dem Roman, dass sie ursprünglich als Benediktinerkloster erbaut wurde. Heute zählt die Abtei zu den wichtigsten kulturellen Veranstaltungsorten in der Deichstadt. Das Kulturbüro der Stadt Neuwied hat die Abtei als Spielort für die weit über die Stadtgrenzen hinaus bekannten und beliebten „Kreuzgang Konzerte" ➤ S. 81 im Mai jedes Jahres ausgesucht. Ein weiterer Höhepunkt sind die im Sommer stattfindenden „Rommersdorf Festspiele" ➤ S. 81 im Englischen Garten und in der ehemaligen Abteikirche. Regelmäßig finden zwischen Ostern und Allerheiligen Führungen durch Kreuzgang, Kapitelsaal, Refektorien, Kirche und Abtskapelle statt.

Dabei stand es mehr als 170 Jahre gar nicht so gut um das architektonische Kleinod. Französische Handwerker haben hier den Übergang von der Romanik zur Gotik eindrucksvoll in Stein gemeißelt. Als der Konvent 1803 im

Historischer Rahmen für feine Klänge: Abtei Rommersdorf

Zuge der Säkularisation aufgelöst wurde, war die Abtei dem Verfall ausgesetzt. Diesem stellten sich in den 1970er-Jahren ein Förderkreis und eine Stiftung entgegen. Seit 1977 ist die Abtei Rommersdorf ein „Kulturdenkmal von besonderer nationaler Bedeutung" und wurde zudem zum Welt-Kulturdenkmal ernannt. Weitere Unterstützung zum Erhalt des bedeutenden Gebäudes leistete die Deutsche Stiftung Denkmalschutz, die im Jahr 2003 die Erneuerung der Dachverschieferung des Abtsgebäudes mit Moselschiefer förderte. Der barocke Französische Garten konnte schließlich nach alten Vorlagen neu gestaltet und bepflanzt werden. *Öffnungszeiten auf Anfrage | ✆ Eintritt frei | Stiftsstr. 2 | abtei-rommersdorf.de | Bus 52, 67 Am Königsgericht | ⏱ 2 Std. | ▥ K4*

## 27 ZOO NEUWIED ★ 👥

Du weißt nicht, was ein Von-der-Decken-Toko ist? Den Bergischen Schlotterkamm vermutest du im Friseurhandwerk? Und was hat das in einem Zoo zu suchen? Antworten gibt der Neuwieder Zoo. Im größten rheinland-pfälzischen Tierpark tummeln sich neben mehr als 1800 Tieren aus knapp 200 Arten – und eben auch welchen mit befremdlichen Namen – jährlich über 100 000 große und kleine Besucherinnen und Besucher auf dem 14 ha großen Gelände. Genau das Richtige für eine spannende Safari mit der ganzen Familie. Fast an jeder Ecke trifft man auf Wesen aus der ganzen Welt, die das Zeug zum persönlichen Lieblingstier haben. Aber es gibt auch Tiere, deren Kuschelfaktor eher bescheiden ausfällt. Ein völlig neues Lebensumfeld haben 20 südamerikanische Tierarten wie Sumpfmeerschweinchen, Totenkopf-äffchen oder Wickelbär erhalten. Sie durften in die 2018 fertiggestellte „Prinz Maximilian zu Wied Halle" einziehen, benannt nach dem liebevoll Prinz Max genannten blaublütigen Neuwieder, einem der herausragenden Naturforscher und Zoologen seiner Zeit. Eine der wichtigsten Aufgaben des Zoos im Neuwieder Stadtteil Heimbach-Weis ist der „Artenschutz durch Arterhaltung". Als einer von 400 wissenschaftlich geführten internationalen Tierparks nimmt der Zoo einen wichtigen Platz in der Erhaltungszucht von über 30 Tierarten ein, darunter Berberlöwe, Grauhand-Nachtaffe, Sibirischer Tiger oder der Springtamarin. *Tgl. 9–18 (Sommerzeit), 9–17 (Winterzeit) Uhr | Eintritt 14 Euro (Erwachsene), Kinder (3–15 Jahre) 8 Euro | Waldstr. 160 | zooneuwied.de | Bus 67 Weis Marktplatz, Am Königsgericht (ca. 1,8 km Fußweg bis zum Zoo) | ⏱ 3 Std. | 🗺 L4*

Schimpansen gehören noch zu den bekannteren Arten im Neuwieder Zoo

HEIMBACH-WEIS

Abtei Rommersdorf ★ 26

Zoo Neuwied ★ 27

500 m
547 yd

# ENGERS

**Alt, älter – uralt. Kein Stadtteil Neuwieds ist älter als Engers. Obwohl der Hauptort des karolingischen Verwaltungsbezirks Engersgau über Burg, Zoll, Amtssitz und eine verkehrsgünstige Lage am Rhein verfügte, war Engers jedoch nur ein kurtrierisches Landstädtchen.**
Und das macht heute auch noch seinen Charme aus; Fachwerkhäuser, Teile der Stadtbefestigung und Wehrtürme lassen dich in ein vorindustrielles Zeitalter zurückreisen – aber trotzdem kannst du hier auch Insta-taugliche Fotos schießen.

INSIDER-TIPP
Rhein-romantisch!

### 28 SCHLOSS ENGERS ★ ☂
Direkt am Rhein ließ es der Trierische Kurfürst und Erzbischof Johann Philipp von Walderdorff ordentlich krachen. Und das ganz sprichwörtlich.

Um der Jagd standesgemäß nachgehen zu können, ließ er während seiner Amtszeit zwischen 1756 und 1768 Schloss Engers bauen. Das, was heute im Schloss Engers stattfindet, als „Krach" zu bezeichnen, wäre hingegen mehr als respektlos. Seit einem Vierteljahrhundert werden die Prunkräume von der Akademie für Kammermusik der Villa Musica genutzt. Hier finden regelmäßig Konzerte der Extraklasse statt. Dabei steht vor allem die musikalische Nachwuchsförderung auf allerhöchstem künstlerischen Niveau im Mittelpunkt; regelmäßig stellen die sehr talentierten Stipendiaten der Villa Musica ihr Ausnahmetalent unter Beweis – das sollte man einmal gehört haben. Die von Schloss Engers ausgehende musikalische Strahlkraft reicht weit über die Landesgrenzen von Rheinland-Pfalz hinaus. Einen Genuss anderer Art findet man im Hotel-Restaurant Schloss Engers ➤ S. 90, des-

INSIDER-TIPP
Klassik auf die Ohren

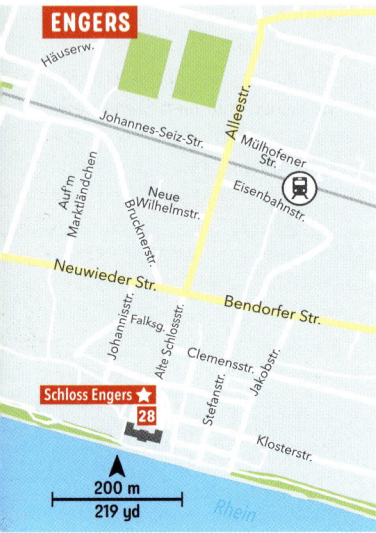

**ENGERS**

Häuserw.

Johannes-Seiz-Str.

Alleestr.

Mülhofener Str.

Auf'm Marktländchen

Neue Wilhelmstr.

Bruckherstr.

Eisenbahnstr.

Neuwieder Str.

Bendorfer Str.

Johannisstr.

Falksg.

Alte Schlossstr.

Clemensstr.

Jakobstr.

Stefanstr.

Klosterstr.

Schloss Engers ★

**28**

200 m
219 yd

Rhein

---

mie Rheinland-Pfalz. Dort können Musikerinnen und Musiker an mehrtägigen Kursen teilnehmen. Wer den Unterricht erfolgreich abgeschlossen hat, kann sein neu erworbenes Können in den Räumlichkeiten der Akademie oder in der Aula des Heinrich-Hauses unter Beweis stellen. *Öffnungszeiten auf Anfrage | Eintritt 4 Euro, ermäßigt 2,80 Euro | Alte Schlossstr. 2 | schloss-engers.de | Bus 67, 107 Mitte Neuwied-Engers | ⏱ 1½ Std. | ▥ K7*

# AUSFLÜGE

**29 ANDERNACH**

*Bus 335 Bahnhof Andernach, von hier aus Fußweg | 11 km/16 Min. mit dem Auto vom Neuwieder Zentrum*

Inmitten des Naturschutzgebiets „Namedyer Werth" sorgt ein echtes Auslaufmodell für überlaufende Freude. Mit einer bis zu 60 m hohen Wasserfontäne ist der Kaltwasser-Geysir weltweit der höchste seiner Art. Der Besuch des sprudelnden Naturphänomens auf der Halbinsel ist das spektakuläre Finale einer Reise in die Erdgeschichte, die mit einem Besuch des Geysir-Zentrums in Andernach beginnt. Im Mittelpunkt steht dabei der Vulkanismus in der Eifel, der auch 11 000 Jahre nach dem letzten Ausbruch eines Vulkans auch heute immer noch aktiv ist. Tief in der Erde sorgen Kohlensäurevorkommen nicht nur für den „Antrieb" des Kaltwasser-Geysirs, sondern auch für viele Millionen Liter bestes Mineralwasser. All das kannst du hautnah während

---

sen einmaliges Ambiente als Bühne für besondere Veranstaltungen dient. Hier gönnt man sich gern eine Auszeit vom Alltagsstress und schläft dabei über dem Rhein – kulinarische Höhenflüge inklusive.

Noch heute ist das Anwesen das einzige Barockschloss in Deutschland, das so nah an den Rhein gebaut wurde. Mit seiner majestätischen Architektur fügt es sich perfekt in die Landschaft ein – den besten Blick auf das Schloss hast du, logisch, von der anderen Rheinseite. Wenn auch der Erbauer des Schlosses zu seiner Zeit durchaus umstritten war, da sich seine teilweise korrupten Vertrauten in seine aktive Amtsführung einmischten, bewies er doch viel Sinn fürs Schöne und engagierte damals die besten Künstler und Handwerker.

Engers als Hort der Musik: Hier befindet sich auch die Landesmusikakade-

einer interaktiven Reise in 4000 m Tiefe erleben, die in einem alten Steinbruch beginnt und mit einer rasanten Fahrt bis zur heißen Magmaschicht weitergeht. Hier erfährst du alles Wissenswerte rund um Vulkanismus, Geysire und Gesteine. Dann geht es auf dem Rhein mit der MS „Namedy" hinüber zum sprudelnden Spektakel auf der Halbinsel, die mit ihren urwaldartigen Auenwäldern auch Schutz für seltene und bedrohte Vogelarten bietet. Sobald sich die Besuchergruppe nach der 15-minütigen Schiffspassage und einem kurzen Fußmarsch um den Kaltwasser-Geysir versammelt hat, kündigt sich der Ausbruch mit einem apokalyptischen Grollen und Gurgeln an. Und schon wenig später zischt das Wasser urgewaltig aus dem brodelnden Erdinnern in die Höhe. *März–Okt., Mo–So 9–17.30, Nov.–März Mo–Fr 9–17.30, Sa 10–17 Uhr | Eintritt 15 Euro (inkl. Schiffspassage), ermäßigt 11 Euro, ☞ Geburtstagskinder frei | Konrad-Adenauer-Allee 40, 56626 Andernach | geysir-andernach.de | ⏱ 3 Std. | ▥ C5*

### 30 RHEINBROHL

*Bus 170 Rheinbrohl, Arienheller Straße | 16 km/20 Min. mit dem Auto vom Neuwieder Zentrum*

Bei Asterix und Obelix waren die Römer stets die Deppen der Nation und wurden von den Galliern ordentlich verdroschen. So weit die gezeichnete Theorie. Wie es wirklich war, erlebst du in der RömerWelt. Wo sich heute das Museum mit dem weitläufigen Außengelände befindet, war früher der Anfang des insgesamt 550 km langen Obergermanisch-Raetischen Limes. Obwohl man hier in das Leben der Römer eintauchen und die Geschichte der Menschen mit allen Sinnen erleben kann, ist die rund 6000 m² große RömerWelt keine historische Ausstellung. Auch der Wachturm I am UNESCO-Welterbe ist nur ein Nachbau, obwohl die Steine vom ehemaligen Wachturm VIII stammen. Im Mitmachmuseum erlebst du hautnah, wie römische Handwerker vor mehr als 2000 Jahren werkelten, wie schwer

Brodelndes Schauspiel: der Andernacher Kaltwassergeysir

ein Kettenhemd wirklich ist und was die Römer Leckeres zubereiteten. Im Frühjahr und Sommer finden einmal im Monat Thementage rund ums bewegte Römerleben mit historischen Aufführungen statt. *März–Nov. Di–Fr 10–17, Sa–So, 10–18 Uhr | Eintritt 5 Euro, ermäßigt 4 Euro, ❂ Kinder bis 6 Jahre frei | Arienheller 1, 56598 Rheinbrohl | roemer-welt.de | ⏱ 2½ Std. | ▥ 0*

### 31 BENDORF

*Schlossstr. 100, 56170 Bendorf | 12 km/17 Min. mit dem Auto vom Neuwieder Zentrum*

Wenn du im Biologieunterricht aufgepasst hast, weißt du, dass es weltweit etwa 200 000 bekannte Schmetterlingsarten gibt. Etwa 60 von ihnen flattern im Garten der Schmetterlinge in Bendorf umher. Vor mehr als drei Jahrzehnten bauten Fürstin Gabriela zu Sayn-Wittgenstein-Sayn und ihr Mann Fürst Alexander im weitläufigen Schlosspark ihres Anwesens eine luftige Freiflughalle für exotische Falter. Inmitten einer üppigen Pflanzenwelt sitzen die filigranen Schönheiten und schlürfen genüsslich süßen Nektar. Auf einem anderen Blatt sitzt der mächtige Atlasspinner, der sich von seinem nächtlichen Ausflug erholt. Passend zum fürstlichen Umfeld gleiten leuchtend blaue Morphofalter majestätisch durch die Luft – und landen auch schon mal auf den Köpfen der Besucher. Ein Highlight ist das Raupenhaus, in dem die bunten Flatterwesen vor den Augen der staunenden Besucher aus ihren Kokons schlüpfen. Die Kombikarte berechtigt auch zum Betreten von Schloss Sayn, mit Fürstinnenzimmer, Schlosskapelle und Rheinischem Eisenkunstmuseum. Allerdings wohnen die Fürstin und ihr Mann nicht in den alten Schlossmauern aus dem 14. Jh. Das Schloss befindet sich auch erst seit 1848 in Besitz derer zu Sayn-Wittgenstein-Sayn. Fürst Ludwig kehrte mit seiner Gattin Leonilla aus Russland zurück in seine alte Heimat. Sie bauten ihren neuen Besitz in ein standesgemäßes Schloss um. Beim Um- und Ausbau wurde sehr viel Eisen aus der nahe gelegenen Sayner Hütte verbaut. Diese und andere eiserne Exponate zeigt die Dauerausstellung des Museums. *Saisonöffnungszeiten auf Anfrage | Eintritt 10,50 Euro (Kombikarte), Kinder (4–16 Jahre) 8 Euro, Familienkarte 30 Euro | Schlossstr. 100, 56170 Bendorf | sayn.de | ⏱ 2½ Std. | ▥ M6*

Liveschaltung ins Römische Reich in Rheinbrohl

### 32 SAYN

*Bus 107, 319 Schloss, von hier 9 bis 10 Min. Fußweg | 12,5 km/18 Min. mit dem Auto vom Neuwieder Zentrum*

Die „Route der Industriekultur" vermutet man eigentlich im Ruhrgebiet und eher weniger zwischen Neuwied und Koblenz. Warum steht dann eine Eisenhütte mitten in der Bendorfer Idylle? Bei genauer Betrachtung ist die historische Eisengießerei ein Teil des Krupp'schen Stahlimperiums aus Essen – und damit doch auch irgendwie ein Außenposten des Ruhrpotts. Um den ausgeprägten Erzbedarf seiner Eisenhütten an Rhein und Ruhr befriedigen zu können, erwarb Alfred Krupp bereits 1865 die Sayner Hütte. Allerdings wurde bereits 13 Jahre nach dem Kauf der Hochofen stillgelegt. 1926 erfolgte dann der Verkauf der gesamten Hütte an die Stadt Bendorf. Das Besondere an der 1828 geplanten und zwei Jahre später realisierten gewagten Konstruktion aus Stahl und Glas: Die gesamte Konstruktion wird ohne eine einzige Niete oder Schraube zusammengehalten. Für den nötigen Halt des beeindruckenden Gebäudes sorgen geschickt angebrachte Verkeilungen. Wegen akuten Platzmangels musste die historische Gießhalle bereits verlängert werden. Eindrückliche audiovisuelle Inszenierungen versetzen dich mitten ins dröhnende Geschehen um die schweißtreibende Arbeit der Eisenverhüttung. Augmented-Reality-Stationen geben Zeugnis vom harten Werken an Maschinen und Öfen in der Gießhalle und im Hochofengebäude. *Tgl. 10–18 Uhr | Eintritt 6 Euro, ermä-ßigt 5 Euro, ☎ Kinder bis 12 Jahre frei | In der Sayner Hütte 4, 56170 Bendorf | saynerhuette.org | ⏱ 1½ Std. | ▥ M6*

### 33 LEUTESDORF

*Zug RB 27 Bahnhof Leutesdorf | 7 km/11 Min. mit dem Auto vom Neuwieder Zentrum*

„Always look on the bright side of life." Nein, das Leben des Brian wird hier nicht inszeniert, aber zumindest bist du auf der „sunny side of life" – die Leutesdorfer bezeichnen ihre Gemeinde gerne als „Weinort auf der Sonnenseite des Rheins". In der letzten großen Rieslingbastion des Mittelrheins stehen eine Million Rebstöcke in den sonnigen Steillagen, die von einem Dutzend Winzer mit viel Liebe gehegt werden. Auf dem 3,5 km langen Leutesdorfer WeinSTEIG durch die umliegenden Weinberge erfährst du auf 33 Infotafeln alles, was du als Weinkenner oder Mostnovize zu Riesling, Weißem Burgunder oder Blauem Portugieser wissen solltest. Eine weitere Weinspezialität ist der Brombeerwein. Entlang des Weinbergwegs liegen Straußwirtschaften, Weinstuben und Weingüter. Schließlich macht so eine Wanderung Hunger und vor allem Durst. Gefeiert wird auch: jedes zweite Wochenende im September mit dem traditionellen Winzerfest. Das „Leutesdorfer Weinpicknick – Tafeln und Steillagen-Rieslinge am Strom inklusive" findet immer am ersten Samstag im August statt. *leutesdorf-rhein.de | ▥ B4*

**INSIDER-TIPP**
**Wandernd zum Weinkenner**

# ESSEN & TRINKEN

Es gibt diese Städte, die zwar keine Sterne am kulinarischen Himmel, aber trotzdem eine hervorragende Gastronomie bieten. So wie Neuwied. Französisch, deutsch, italienisch oder gutbürgerlich – wenn du Multikultiküche schätzt, bist du gut aufgehoben in der Deichstadt.

In dem Gourmetrestaurant Brasserie Nodhausen in Niederbieber wird auf allerhöchstem Niveau gekocht. Ebenfalls im Stadtteil Niederbieber findest du ein echtes „Hai-Light": Das Unterwasserrestaurant La Mer hat zahlreiches Meeresgetier auf der Speisekarte. Und

Wo der Name Motto ist: Im La Mer speist man in Unterwasserkulisse

eine regionale Spezialität solltest du dir nicht entgehen lassen: den „Döbbekooche". Nein, kein süßer Kuchen, den man vielleicht Old-School-mäßig in den Kaffee stippt. Der im Ofen gebackene Klassiker der rheinischen Traditionsküche besteht aus geriebenen Kartoffeln, fein geschnittenen Zwiebeln, Eiern und Gewürzen. Doch da geht noch mehr. Du willst einen gemütlichen Nachmittag mit Kaffee und Kuchen? Bekommst du in zahlreichen Cafés. Oder du startest mit einem ausgiebigen Frühstück in den Tag. Und abends vielleicht ein Absacker in einer der urigen Kneipen?

# WO NEUWIED ISST

Melsbach

ALTWIED

Gutsschänke Hanhof ★

OBERBIEBER

## NIEDERBIEBER
Edle Genüsse und
spannende Kulisse

SEGENDORF

NIEDER-
BIEBER

Restaurant La Mer ★

RODENBACH

TORNEY

Dierdorfer Str.

Wiedbachstr.

HEDDESDORFER
BERG

IRLICH

Berggärtenstr.

## INNENSTADT
Von morgens bis abends
was für jeden Geschmack

RAIFFEISENRING

Neuwied

Imbiss Hoffmann ★

Papa Umi ★

Biergarten am Deich ★

Café Wolke 7 ★

NEUWIED

Steinsee

Weißenthurm

Weißenthurmer
Werth

1 km
0.62 mi

## MARCO POLO HIGHLIGHTS

⭐ **IMBISS HOFFMANN**
Hier wird seit über 50 Jahren mittlerweile in der dritten Generation gebrutzelt. Der Imbiss hat längst Kultstatus erreicht ➤ S. 62

⭐ **BIERGARTEN AM DEICH**
Der Biergarten am Stadtstrand lädt zum Entspannen ein. Summertime am Mittelrhein ➤ S. 60

⭐ **CAFÉ WOLKE 7**
Mitten in der Stadt, aber doch im Grünen. Im schmucken Hinterhof leckere Kaffee- und Teevariationen genießen ➤ S. 60

⭐ **RESTAURANT LA MER**
Völlig abgefahren. Im Unterwasser-restaurant schauen dir die Fische und anderes Meeresgetier beim Essen zu ➤ S. 61

⭐ **PAPA UMI**
Asiatisches Ess-Erlebnis wird hier zum kulinarischen Versprechen ➤ S. 64

⭐ **GUTSSCHÄNKE HANHOF**
Speisen unter Pferden: Die Gutsschänke ist dem Pferdepensionsstall Gut Monrepos angegliedert ➤ S. 65

GLADBACH

**HEIMBACH-WEIS**
Mediterranes in mittelalterlichem Gewand

HEIMBACH-WEIS

Schönfeldstr.

Sayner Str.

Mittelweg

BLOCK

Weiser Str.

**ENGERS**
Kulinarisches vom Feinsten mit Aussicht

ENGERS

Engerser Landstr.

Engerser Landstr.

MÜLHOFEN

Engers

Bendorfer Str.

Kannsee

Rhein

Urmitz Rheinbrücke

## CAFÉS & FRÜHSTÜCK

### CAFÉ WOLKE 7 ★

Hausgemachter Kuchen und verschiedene Speisen – da schwebt man fast auf Wolke 7. Das Café ist auch Treffpunkt für Früh- und Spätstücker – im Sommer gern in dem oasenhaften Garten. Bis zwölf Uhr hast du die Wahl zwischen mehreren Frühstücksvariationen. Du brauchst ein Geschenk? Eine Geschenkeecke lässt das Herz höherschlagen. *Mo–So 8.30–19 Uhr | Mittelstr. 14 | Tel. 02631 8 73 91 79 |* cafewolke7.de *| Bus 51 Marktkirche |* €€ *|* Innenstadt *| F6*

### ENGEL'S KAFFEERÖSTEREI

Spätestens wenn man den Duft des frisch gerösteten Kaffees erschnuppert, der durch die kleine Rösterei von Markus Engels schwebt, bekommt man Lust, sämtliche Spezialitäten zu probieren, die hier mehrmals in der Woche geröstet werden. Am besten natürlich zu einem Stück Kuchen aus der großen Auswahl. *Mo 12–18, Di–Sa 11–17.30 Uhr | Mittelstr. 105 | Tel. 02631 56 08 05 | engelskaffeeroesterei.de | Bus 51, Schlossstraße | €€ |* Innenstadt *| F6*

---

## DRAUSSEN AM RHEIN

### BIERGARTEN AM DEICH ★

Einfach mal die Seele baumeln lassen – bei schönem Wetter wird der Biergarten am Deich zum Mekka für Sonnenhungrige. Stühle zum Sonnen und die Sandgrube wecken Urlaubsfeeling, an lauen Sommerabenden ist der romantische Sonnenuntergang inklusive. Kulinarisch gibt es alles, was lecker ist – von Currywurst mit Pommes über frische Salate bis zu Eis und Kuchen und last, but not least, eine große Flammkuchenauswahl. *So–Do 11–12, Fr–Sa 11–23 Uhr | Schlossstr., hinter dem Deichtor | Bus 53 Schlosstheater | € |* Innenstadt *| F6*

### WIRTSHAUS DEICHBLICK

Im Deichblick wird Heimatgefühl großgeschrieben, denn die Küche ist

---

**NEUWIEDER KÖPFE**

**DENNIS EHLEN, KOCH IM UNTERWASSER-RESTAURANT LA MER**

„Neuwied is(s)t lecker. Kulinarisch sind wir bestens aufgestellt. Die Auswahl guter Küche ist in unserer Stadt sehr facettenreich."

![Frisch geröstet schmeckt's am besten: Engel's Kaffeerösterei]

Frisch geröstet schmeckt's am besten: Engel's Kaffeerösterei

bodenständig deutsch. Alles, was die Küche verlässt, wird frisch zubereitet – so das Versprechen der Wirtsleute. Bei entsprechender Witterung sitzt du auf der Terrasse mit herrlichem Ausblick auf den Rhein. *Di–Sa ab 14, So ab 11.30 Uhr | Rheinstr. 52 | Tel. 02631 9 39 93 85 | wirtshaus-deichblick.de | Bus 53 Schlosstheater | €€ | Innenstadt | ☐ F7*

## EDEL SPEISEN

### BRASSERIE NODHAUSEN

Eine Adresse für Feinschmecker im fürstlichen Ambiente: <mark>Küchenchef Florian Kurz kreiert in der Brasserie Nodhausen in den Räumlichkeiten des ehemaligen gräflichen Jagdschlosses Kulinarik auf allerhöchstem Niveau.</mark> Leichte,

<mark>**INSIDER-TIPP** Noblesse oblige</mark>

moderne und stets frische Gerichte garantiert. *Di–Fr 12–15, Sa 18–22.30 Uhr | Nodhausen 1 | Tel. 02631 34 48 80 | parkrestaurant-nodhausen. de | Bus 53 Raiffeisendruckerei, 53 Wiedhalle | €€–€€€ | Niederbieber | ☐ F4*

### RESTAURANT LA MER

Das ist mal eine Kulisse! Der absolute Hingucker ist das über 150 000 l fassende Seewasseraquarium mit bunten Meeresfischen aus der australischen Coral Sea. Darüber sollte man allerdings nicht die mediterranen Köstlichkeiten aus dem Meer vergessen, die auf den Tisch kommen. Unbedingt frühzeitig reservieren! *Mi–So 11.30–14, 18–23 Uhr | Aubachstr. 85 | Tel. 02631 9 53 53 25 | restaurant-lamer.de | Bus 51 Aubach | €€€ | Niederbieber | ☐ G3*

### RESTAURANT SCHLOSS ENGERS

Nur vom Feinsten: Direkt am Rhein liegt Schloss Engers. Bei schönem Wetter hat man einen einmaligen Blick von der Rheinterrasse aus auf den Fluss. Passend zur Kulisse gibt es Kulinarik auf höchstem Niveau mit regionalem Einschlag im Kellergewölbe des Schlossrestaurants. *Mo–Sa 18.30–21 Uhr | Alte Schlossstr. 2 | Tel. 02622 9 26 42 95 | schloss-engers.de | Bus 54 Mitte | €€ | Engers | ॼ K7*

## AUF DIE SCHNELLE

### BOSPORUS

Der kubistische Bau zwischen den beiden denkmalgeschützten Häusern sticht sofort ins Auge. Hinter der Glas- und Hartkunststofffassade gibt es eine orientalische Cross-over-Küche. Sehr lecker sind die Pide-Spezialitäten. Alles eigene Kreationen, verspricht der Chef. *Mi–Mo 11–21 Uhr | Marktstr. 86 | Tel. 02631 9 99 47 70 | Bus 50 Marktstraße | € | Innenstadt | ॼ F6*

### IMBISS HOFFMANN ⭐

Kultimbiss in dritter Generation. Trendfood? Kalorienzählen? Fehlanzeige. Dafür gibt es Currywurst mit hausgemachter Soße, Kotelett mit Senf oder deftiges Nierengulasch. *Tgl. 11–21.30 Uhr | Heddesdorfer Str. 56 | Tel. 02631 2 64 66 | Bus 51 Hofgründchen | € | Innenstadt | ॼ F6*

## FÜR ENTDECKER

### IMOTA

Eine kulinarische Reise in 1001 Nacht: unbedingt den gemischten Vorspeisenteller mit Hummus, Mutabbal, Baba Ghanoush, Muhammara, Kischke, Taboulé und Fatoush probieren. Viele vegetarische Angebote. *Mo, Mi–Fr 11.30–14.30, 17.30–22.00, Sa, So 11.30–22.30 Uhr | Wilhelm-Leuschner-Str. 12 | Tel. 02631 94 10 50 | hotel-imota.com | Bus 50 Moltkeplatz | €€ | Innenstadt | ॼ F6*

### RESTAURANT LA FLAMME

Flammkuchen in allen Variationen: Neben den rund 50 Stamm-Flammkuchen auf der Karte (wie dem Elsässer Original mit Flammkuchencreme, Zwiebeln und Speck) kommen jeden Monat weitere hinzu. **INSIDER-TIPP Koma-Futtern** Such dir doch aus, was du willst! Und hier bekommst du sogar eine Flatrate: Flammkuchen, so viel, wie du vertragen kannst – beste Voraussetzungen für einen geselligen Abend. *Mo–Sa 17–23, So, Fei 12–23 Uhr | Aubachstr. 73 a | Tel. 02631 9 59 44 18 | la-flamme.de | Bus 51 Aubach | €€ | Niederbieber | ॼ G3*

### PANINI

Ob preisgünstiges dreigängiges Mittagsmenü oder traditionelle italienische Spezialitäten am Abend: Patron Daniele Panini hat immer die richtigen kulinarischen Antworten. Viele Stammgäste haben das Panini in den letzten 30 Jahren zu ihrem Lieblingsitaliener ernannt. Besondere Favoriten: die hausgemachten Nudeln. *Mi–Mo 11.30–14, 18–23 Uhr | Marktstr. 5 | Tel. 02631 3 10 03 | ristorante-panini.de | Bus 51 Marktstraße | €€ | Innenstadt | ॼ F6*

# Unsere Empfehlung heute

## Snacks

**KREBBELCHEN**
Eine Art Kartoffelpuffer, mit Apfelmus
gegessen

**GRAUBROT MIT SANDKUCHEN**
Zwischendrin noch Butter

**EIERSCHMIER**
Eier mit Mehl und Milch gestockt
auf Graubrot

## Hauptgerichte

**DÖBBEKOOCHE**
Auch Uhles, Puttes, Kesselsknall,
Knällchen oder Knüüles genannt

**RHEINISCHER SAUERBRATEN**
Traditionell mit Pferdefleisch und oft
mit Rosinen zubereitet, dazu
Apfelkompott

**KÄLWERZÄNN**
Nein, keine Kälberzähne, sondern dicke
Graupensuppe

**KLATSCHKÄS**
Quark mit Kümmel oder Schnittlauch,
dazu Pellkartoffeln oder Graubrot

**QUELLMÄNNER UND HERINGE**
Pellkartoffeln und eingelegte Matjes-
oder Bismarkheringe

## Desserts

**FASTNACHTSKREBBELCHEN**
In Fett ausgebackene Hefebällchen
(kleine Berliner)

**PFANNKUCHEN MIT BIMBAM**
Eierpfannkuchen mit einer Garnitur
aus Rübenkraut

**KARTOFFELHEFEKUCHEN MIT
KORINTHEN**
In der Gugelhupfform gebackener
Hefekuchen, dem rohe geriebene
Kartoffeln und Korinthen zugesetzt sind

## Getränke

**BIER UND EN „KOTZE"**
Nein, nicht, was ihr denkt! Es geht
um Korn, Kümmel, Wacholder
oder Obstler.

**HÄFFE**
Kommt von Hefe und ist ein hiesiger
Grappa

**SCHUSS**
Pils mit einem guten Schuss Malzbier

**FEDERWEISSER**
Auch als neuer Wein bezeichnet;
Traubenmost zu Beginn der Gärung, der
mit zunehmender Lagerung Süße
verliert und Alkoholgehalt gewinnt

### PAPA UMI ⭐

Im Mittelpunkt des kulinarischen Angebots aus der offenen Küche stehen kreatives Sushi sowie warme Fusion-Gerichte aus Vietnam, Thailand und weiteren asiatischen Ländern. Gegessen wird an langen Tischen und gepolsterten Bänken. Und stets ist ein chilliger Beat im Hintergrund. *Mo–So 12–14.30, 18–21.30 Uhr | Schlossstr. 40 | Tel. 02631 9 44 64 88 | papa-umi. de | Bus 51 Schlossstraße | €€ | Innenstadt | ⌖ F6*

### PINO ITALIA

Guiseppe Leonardi, kurz Pino genannt, kredenzt authentische italienische Küche. Besonders lecker sind seine handgefertigten Pasta im ausgehöhlten Parmesanlaib mit edlen Trüffeln. *Di–So 11.30–14, 18–22 Uhr | Schlossstr. 69 | Tel. 02631 2 26 75 | pino-italia. de | Bus 51 Schlossstraße | €€ | Innenstadt | ⌖ F6*

## VERSTECKT IM GRÜNEN

### BROMBEERSCHENKE

Brombeeren im eigenen Garten mag nicht jeder. Aber lecker sind sie. Umso besser also, dass es in Leutesdorf eine Schenke gibt, in der du alles bekommst, was man aus der Brombeere so machen kann: Neben Kuchen, Waffeln und Roter Grütze ist der Betrieb an der Stadtgrenze zu Neuwied für seine Liköre, Tees und das Eis bekannt und beliebt. *Mi–Sa 14.30–22, So 13–22 Uhr | Hof Haselberg | 56567 Leutesdorf | Tel. 02631 7 12 42 | brombeerschenke.de | Bus 56 Hüllenberg, dann 1,6 km Fußweg | €€ | Leutesdorf | ⌖ B4*

INSIDER-TIPP
**Flexibles Früchtchen**

Das Auge isst mit: Sushi-Kreationen im Papa Umi

### FRÜH IM LANDRATSGARTEN

Der Landrat ist längst ausgezogen, sein Garten geblieben. Im Biergarten unter Kastanien und im Restaurant gibt's hier eine Mischung aus „Schillinger Küche" der Trierer Region und deftige Kölner Brauhauskost. Auch Vegetarier werden fündig, vegane Optionen sind möglich. Und die Küche ist bis 22 Uhr geöffnet. *Di–Fr 17–23, Sa 15–23, So 11.30–23 Uhr | Landratsgarten 25 | Tel. 02631 9 59 72 41 | frueh-im-landratsgarten.de | Bus 51 Theodor-Heuss-Straße | €€ | F5*

### GUTSSCHÄNKE HANHOF ⭐

Krähendes Federvieh begrüßt dich nicht und der „Han" ist auch nicht falsch geschrieben, sondern bedeutet eingehegter Hof oder ein Stück gerodeter Wald. Hier bekommst du deftige Brotzeiten, hausgemachte Suppen,

leckere Steaks und Schnitzel sowie viele vegetarische Gerichte. Mittwochs und donnerstags ist Kaiserschmarrntag. *Mi–Sa 15–22, So ab 11 Uhr | Monrepos 15 | Tel. 02631 8 73 92 05 | gutsschaenke-hanhof.de | Bus 53 Waldesruh | € | Segendorf | E2*

### LAUBACHSMÜHLE

Fisch oder Wild gefällig? Hier landen die Forellen fangfrisch und das Wildbret aus heimischen Revieren auf deinem Teller. Mittlerweile ist das Restaurant auch beliebter Rastpunkt für Wanderer, denn der Rhein-Steig führt direkt am Haus vorbei. Vor allem in der warmen Jahreszeit kannst du auf der Terrasse idyllisch inmitten der Natur sitzen. *Mi–Fr 16.30–21, Sa–So 11–21 Uhr | Laubachsmühle 1 | Tel. 02631 5 55 31 | laubachsmuehle.de | Bus 131 Laubachsmühle | €€ | Altwied | F1*

### ORANGERIE
### PASQUALE MONTEMURRI

Pasquale Montemurri hat neuen kulinarischen Schwung in die altehrwürdigen Räumlichkeiten der Prämonstratenserabtei Rommersdorf gebracht.

Seinen Fokus legt der Patron auf die mediterrane Küche seines Heimatlandes mit den regionalen Schwerpunkten Apulien, Sizilien und Norditalien. Ein neuer Stern am Kulinarikhimmel. *Di–Sa 13–22, So 12–21 Uhr | Stiftsstr. 2 | Tel. 02622 9 76 14 28 | pasquale-orangerie.de | Bus 52 Am Königsgericht | €€ | Heimbach-Weis | K4*

# SHOPPEN & STÖBERN

Die lebendige City Neuwieds ist das pulsierende Einkaufsherz für eine ganze Region – praktisch vor allem, dass die Innenstadt größtenteils verkehrsfrei ist, da bummelt es sich noch angenehmer. Klar, bekannte Läden gibt's im Zentrum auch, daneben aber auch zahlreiche andere Einkaufsmöglichkeiten für Shopping-Queens und Einkaufskönige mit individuellem Geschmack und ebenso individuellem Geldbeutel – von extravagant bis bodenständig ist alles dabei.

Doch nicht nur modebewusste Trendsetter kommen beim Bummel

Frisch und farbenfroh: regionale Produkte direkt vom Feld

durch die City auf ihre Kosten. In den schmucken Läden und großen Geschäften gibt es eine riesige Auswahl an interessanten und außergewöhnlichen Dingen. Auch der Manufakturgedanke wird in der Deichstadt gepflegt: Klein und fein präsentieren zahlreiche Genusshandwerker ihre festen und flüssigen Kunstwerke aus eigener Werkstatt und Produktion – Nachhaltigkeit und Regionalität inklusive. Die handgemachten Spezialitäten aus Neuwied sind echte Hingucker, kulinarische Gaumenschmeichler oder hochprozentige Mitbringsel.

# WO NEUWIED SHOPPT

OBERBIEBER

256

**TORNEY**
Frische
Früchtchen

TORNEY

Dierdorfer Str.

NIEDER-
BIEBER

SEGENDORF

RODENBACH

Wiedbachstr.

**HEDDESDORF**
Leckeres Landerleben

HEDDESDORFER
BERG

IRLICH

Berggärtenstr.

**INNENSTADT**
Kunst, Genuss und
Exklusives

RAIFFEISENRING

Pop-up-Store Amalie ★

Neuwied

Rhein

Automobile Hinkel ★

Modehaus Blum ★

The Badger Woodworks ★

NEUWIED

Steinsee

Weißenthurm

256

Weißenthurmer
Werth

256
9

WEISSENTHURM

1 km
0.62 mi

## MARCO POLO HIGHLIGHTS

★ **THE BADGER WOODWORKS**
Mit seiner Idee ist er auf gutem „Holz"-Weg. Hier ist ein professioneller „Upcycler" am Werk ➤ S. 70

★ **POP-UP-STORE AMALIE**
Nur einmal im Jahr öffnet der Pop-up-Store seine Türen für absolute Geschenkeunikate ➤ S. 72

★ **AUTOMOBILE B. HINKEL**
Hier steht so mancher Traum hinter den Glasscheiben ➤ S. 70

★ **MODEHAUS BLUM**
Schick mit Tradition: Im alteingesessenen Modehaus gibt's hochwertige Kleidung und besondere Services ➤ S. 70

GLADBACH

HEIMBACH-WEIS

**HEIMBACH-WEIS**
Korn, Schafe und mehr

Schönfeldstr.

Sayner Str.

Mittelweg

Weiser Str.

BLOCK

42

Engerser Landstr.

Engerser Landstr.

ENGERS

MÜLHOFEN

Engers

Kannsee

Bendorfer Str.

Rhein

Urmitz Rheinbrücke

Urmitz

Kaltenengers

Sankt Sebastian

## DIES & DAS

### EINE-WELT-LADEN

Es lebe soziale Gerechtigkeit – und das seit 40 Jahren. Mit deinem Einkauf sorgst du für eine faire Entlohnung der Erzeuger und Hersteller am anderen Ende der Welt. Lust auf Genuss? Der Biokaffee „Die Rheinische Affäre" ist eine Option. Oder eine süße Versuchung aus dem breiten Sortiment an biofairen Schokoladen aus Afrika und Zentralamerika? *Mo–Fr 10–18, Sa 10–14 Uhr | Marktstr. 62 | Tel. 02631 2 76 09 | ewl-neuwied.de | Bus 50 Marktstraße | Innenstadt | ▥ F6*

### THE BADGER WOODWORKS ★

Felix Rech ist ein echter Holzwurm, hat sich das Schreinern und Tischlern selbst beigebracht und macht aus altem Holz neue Möbel oder andere Einrichtungsgegenstände. So wird aus einer alten Eichenplanke eine Sitzbank, ein Stück Buche verwandelt sich in ein Servierbrett oder aus einer ehemaligen Linde wird eine stylishe Lampe im Industrielook. Seine Handwerkskunst kannst du in einem Showroom in der Kirchstraße besichtigen oder im Internet bestellen. Einfach anrufen und Termin ausmachen. *Keine festen Ladenöffnungszeiten | Kirchstr. 56 | Tel. 0178 6 82 37 43 | etsy. com/shop/TheBadgerWoodworks | Bus 50 Marktstraße | Innenstadt | ▥ F7*

---

### WOHIN ZUERST?

Die interessantesten Geschäfte findest du in Neuwied nicht an einem zentralen Ort; die Hotspots für Shopper sind über die gesamte Innenstadt verteilt. So liegen die meisten Läden in der **Mittelstraße** und in der **Langendorfer Straße**. Nur etwa 200 m von der City entfernt liegt die **Neuwied-Galerie**. Dort hast du die Qual der Wahl, denn hier gibt es gleich mehrere Shops rund um Mode, Düfte und Accessoires unter einem Dach. Wer aber Dinge abseits des Mainstreams sucht und gerne stöbert, ist im Zentrum bestens aufgehoben.

---

## LACK & LEDER

### AUTOMOBILE B. HINKEL ★

Hinter einer Schaufensterfront mitten in der Stadt kann man so manches heiße Blech entdecken. Bei diesem Anblick schlagen die Herzen von Menschen mit Benzin im Blut ein paar Takte schneller. Im Schaufenster von Automobile B. Hinkel stehen historische PS-Träume auf vier Reifen und so manche Automarke, von der man noch nie gehört hat. Hier steht auch „Frau" gerne davor und versteht die Männerwelt ein bisschen besser. *Mo–Fr 10–18, Sa 10–14 Uhr | Marktstr. 45 + 47 | Tel. 02631 94 29 46 | Bus 50 Marktstraße | Innenstadt | ▥ F6*

### MODEHAUS BLUM ★

Wenn's mal etwas schicker sein darf und du dir beim Klamottenkauf den Hauch von Luxus um die Nase wehen lassen möchtest: Bitte sehr, seit 1846 steht das Modehaus Blum für exklu-

Stylish-elegant shoppen im Modehaus Blum

sive Mode. Spannend sind auch die Dienstleistungen: Hemdenreinigungsservice, professionelle Schuhpflege und -reparaturen, Personal-Shopping sowie eine „Cashmere-Klinik". *Mo–Fr 10–18, Sa 10–16 Uhr | Langendorfer Str. 154 | Tel. 02631 9 56 35 05 | blum-mode.de | Bus 50 Marktstraße | Innenstadt | ▢ F6*

### ZWEIRAD PILOPP

Dir steht der Sinn nach einem zweirädrigen fahrbaren Untersatz? Kannst du hier bekommen – neu oder gebraucht. Oder falls du mit einem solchen unterwegs bist und der zeigt sich gerade bockig, auch kein Problem, der Meister in der eigenen Werkstatt hat sich auf markenunabhängige Reparaturen und Teileinbauten von Motorrädern und Rollern spezialisiert. *Mo–Fr 9–13, 14–18 Uhr | Feldkircher Str. 41 | Tel. 02631 7 33 61 | Bus 56 Irlicher Straße | Feldkirchen | ▢ D4*

## HANDVERLESEN & PRÄMIERT

### ENOTECA 141

Lydia und Franco Zarbano haben mit ihrer Enoteca 141 ein Stück italienische Lebensart nach Neuwied gebracht. Neben italienischen und internationalen Spezialitäten bietet der Genussladen auch die mit Rauch-Pimentón, Zitronen-Ingwer, Steinpilzen, Knoblauch oder Senf aromatisierten Öle „Nodhausen °1" des Neuwieder Kochs Florian Kurz an. *Mo–Fr 10–18, Sa 10–15 Uhr | Marktstr. 55 | Tel. 02631 95 34 81 | enoteca141.de | Bus 50 Marktstraße | Innenstadt | ▢ F6*

**INSIDER-TIPP**
**Gut geölt**

# NEUWIEDER KÖPFE

**ELKE MEISSNER, „OBST-ELKE"**

„Obst, Kartoffeln und Gemüse wachsen direkt vor unserer Haustür. Neuwied bietet einen reich gedeckten Tisch an frischen Lebensmitteln direkt aus der Region."

### GÖNNERSDORFER BRENNEREI

Das war mal eine richtige Schnapsidee. Vor mehr als 25 Jahren wollte Werner Wasl aus den Früchten seines Gartens Spirituosen für den Eigenbedarf brennen. Längst ist aus dem Hobby ein „hochgeistiger" Nebenerwerb geworden mit aromareichen Edeldestillaten aus Kirschen, Birnen, Äpfeln oder Weinbergpfirsiche von der Streuobstwiese. *Besuch nach telefonischer Anmeldung | An der Linde 31 | Tel. 02631 7 57 63 | brennerei-w-wasl.de | Bus 56 Wolfgang-Borcher-Straße |* *Feldkirchen | ⬜ C5*

### OBST-ELKE

Neuwieder Institution: der Obst- und Gemüseladen von Elke Meißner in der Saison mit jeder Menge knackig-frischer Lebensmittel aus dem nahen Umfeld. Nicht nur lecker, sondern auch mit gutem Öko-Karma. ==Praktisch: Frisch geputzten Salat und vorgeschnittenes Gemüse z. B. für den Wok gibt's auch – spart Arbeit und Verpackung.== *Mo–Fr 6.30–19, Sa 6.30–18 Uhr | Engerser Str. 27 | Tel. 02631 35 22 47 | Bus 51 Marktkirche | Innenstadt | ⬜ F6*

**INSIDER-TIPP**
**Frisches für Faule**

### POP-UP-STORE AMALIE ⭐

Mit gutem Timing machst du eine Punktlandung: Nur während des Knuspermarktes von Ende November bis einen Tag vor Heiligabend bietet Amalie Produkte an, die allesamt aus der Region stammen – viele leckere und nützliche Dinge rund ums Essen, Trinken, Wohnen und Schmücken aus regionalen Kleinmanufakturen. *Öffnungszeiten wie der Knuspermarkt | Auf dem Knuspermarkt | Langendorfer Str. | Innenstadt | ⬜ F6*

### SCHNAPSBRENNEREI OBSTHOF BIRKENBEIL

Die andere Art, Obst zu genießen: Die Destillate aus dem „Haus der prämierten Edelbrände" aus handverlesenen Früchten kommen nach Maische, Vergärung und Brennvorgang in Edelstahlbehälter oder Holzfässer und reifen dort monatelang. Besonders beliebt: der Klassiker „Äbbelsche", ein aromatischer Apfelbrand. *Mi, Fr 9–18, Sa 9–16 Uhr | Holzweg 90 b | Tel.*

02622 83 71 54 | obsthof-birkenbeil. de | Bus 52 Holzweg | *Heimbach-Weis* | ⌸ *L5*

## HOFLÄDEN

### BAUERNHOF GLABACH
Freilandgeflügel aus eigener Aufzucht direkt vom Erzeuger gibt es auf dem Bauernhof der Familie Glabach. Ebenso kannst du hier auch Eier oder Kartoffeln vom hauseigenen Acker kaufen. *Di–Fr 9–18, Sa 9–14 Uhr | Dierdorfer Str. 239 | Tel. 02631 55 78 | glabach-neuwied.de | Bus 53 Erich-Kästner-Straße | Heddesdorf | ⌸ G4*

### DER NATURERLEBNISLADEN
Glorietta, Annabelle oder Wega – klingt ganz gut für ein Nachtschattengewächs, oder? Die drei und ihre mehr als 100 Sortenverwandten stammen vom Acker gleich nebenan, mal mehligkochend, mal festkochend. Aber immer lecker und frisch auf den Tisch. So wie die vielen anderen Lebensmittel und Weine, die hier angeboten werden. *Mo–Fr 8–18.30, Sa 8–14 Uhr | Dierdorfer Str. 140 | Tel. 02631 2 42 97 | bauernhof-hof.de | Bus 53 Von-Runkel-Platz | Heddesdorf | ⌸ G5*

### HEIMBACHER HOF
Das auf den umliegenden Feldern angebaute Biogetreide „Rommersdorfer Korn" wird ohne lange Transportwege gereinigt direkt an die Bäckerei Herres *(Di–Do 6–12.30, 14.30–18, Fr 6–18, Sa 6–12.30, So 7.30–10.30 Uhr | Bachstr. 5 | baeckerei-herres.de | Bus 52 Marktplatz)* geliefert, die es auf hauseige-

nen Mühlen vermahlt. ==Die leckeren regionalen Brote und Brötchen können in der Bäckerei oder im eigenen Laden des Heimbacher Hofes gekauft werden.== Der hat ein komplettes Biovollsortiment, außerdem einen Streichelzoo mit Eseln, Kaninchen und Hühnern. *Di–Do 9–12.30, 14–18, Fr 9–18, Sa 9–13 Uhr | Mainzer Str. 46 | Tel. 02622 83 76 13 | heimbacher-hof.de | Bus 52 Vierzigmorgen | Heimbach-Weis | ⌸ J5*

**INSIDER-TIPP**

**Das kriegste gebacken**

### HOF MEERHECK
In der Schäferei der Familie Neumann werden die Tiere artgerecht gehalten und bekommen ausschließlich Futter aus eigenem Anbau. Neben Fleischspezialitäten bietet der kleine Hofladen medizinisch gegerbte Lammfelle an. *Do–Fr 9–12.30, 14–18, Sa 9–13 Uhr | Mainzer Str. 55 | Tel. 02631 35 21 41 | hof-meerheck.de | Bus 117 Elbinger Straße | Heimbach-Weis | ⌸ J5–6*

### OBSTGUT MÜLLER
Die Südhanglagen des Neuwieder Beckens sind für den Obstbau ideal, vor allem für Äpfel, Birnen, Pflaumen, Mirabellen und Weinbergspfirsiche. Im Hofladen findest du außerdem viele andere selbst angebaute und regionale Produkte, je nach Saison Spargel, Erdbeeren, Tomaten, Feldsalat, Kürbisse und das ganze Jahr über frisch gepressten Apfelsaft. *Mo–Fr 8.30–18, Sa 8–13 Uhr | Torneystr. 126 | Tel. 02631 5 31 12 | obstgut-mueller.de | Bus 53 Brandenburgerstraße | Torney | ⌸ G4*

# AUSGEHEN & FEIERN

**Bunte Vielfalt: Was für die Stadt selbst gilt, das findest du auch in der Neuwieder Kulturszene.**

Kleinkunst in den Kneipen der Stadt, musikalische Highlights auf Schloss Engers oder in der Abtei Rommersdorf, kleine und große Bühnen überall in Neuwied – das kulturelle Angebot ist übers Jahr breit gefächert. Weit über die Stadtgrenzen hinaus sind die Kreuzgang Konzerte und die Freilichtfestspiele in der Abtei Rommersdorf sowie die Konzerte der Villa Musica in Engers oder die Theateraufführungen der Landesbühne Rheinland-Pfalz im Schlosstheater be-

Zahlreiche Bands und reichlich Stimmung beim Deichstadtfest

kannt. Kultur gibt es auch auf den Straßen: Mit über 80 Stunden Livemusik auf fünf Bühnen bringt das Deichstadtfest – die absolute Nummer 1 unter den Neuwieder Straßenfesten – an jedem zweiten Juliwochenende die Menge zum Tanzen. War sonst noch was? Ach ja, abends kannst du natürlich auch auf Kneipentour in der Deichstadt gehen – egal, ob du es bodenständig-rustikal magst, in Pubatmosphäre eintauchen oder karibisches Flair bei einem leckeren Cocktail schnuppern willst.

# WO NEUWIED AUSGEHT

## MARCO POLO HIGHLIGHTS

★ **VILLA MUSICA**
Junge Musiker treten erstmalig vor großem Publikum auf. Kurfürstlich gut ➤ S. 78

★ **LANDESMUSIKAKADEMIE RHEINLAND-PFALZ**
Hier wird Musik großgeschrieben ➤ S. 78

★ **FREIE BÜHNE NEUWIED**
Wunderbare Inszenierungen für Kinder, Jugendliche und Erwachsene. Und dann gibt es ja noch „Rainer" ➤ S. 80

★ **ROMMERSDORFER FESTSPIELE**
Von klassisch bis modern ist in der Abtei alles dabei ➤ S. 81

★ **THIRSTY LION**
Burger, knackige Salate, Livemusik und natürlich „Irish"es Lebensgefühl ➤ S. 79

★ **BILDUNGSLÜCKE**
Bei einem solchen Namen ist der Besuch ein Muss ➤ S. 78

**HEIMBACH-WEIS**

Festspielatmosphäre, Theaterstücke und Musicals nah beieinander

GLADBACH

Rommersdorfer Festspiele ★

Freie Bühne Neuwied ★

HEIMBACH-WEIS

Dierdorfer Str.

Schönfeldstr.

Sayner Str.

Mittelweg

Weiser Str.

**ENGERS**

Musikgenuss mit Anspruch

BLOCK

42

Engerser Landstr.

ENGERS

Engerser Landstr.

MÜLHOFEN

Engers

Villa Musica ★

Landesmusikakademie Rheinland-Pfalz ★

Bendorfer Str.

Kannsee

Rhein

Urmitz Rheinbrücke

Urmitz

Kaltenengers

Sankt Sebastian

## MUSIK

### LANDESMUSIKAKADEMIE RHEINLAND-PFALZ ⭐ 🐷

Die Landesmusikakademie, an der talentierte Musikerinnen und Musiker sich weiterbilden, bietet der interessierten Öffentlichkeit ca. 80 kostenfreie Konzerte pro Jahr an. Das Schöne: Nach einem Konzert kann man als Gast über Nacht bleiben. *Am Heinrichhaus 2 | Tel. 02622 9 05 20 | landesmusikakademie.de | Bus 54 Mitte | Engers | 🚇 K7*

### VILLA MUSICA ⭐

In der überregional anerkannten Akademie für Kammermusik erhalten die talentiertesten jungen Musikerinnen und Musiker ein europaweit einzigartiges Förderprogramm für Kammermusik. Zusammen mit ihren Dozentinnen und Dozenten geben sie Konzerte in Schloss Engers und in ganz Rheinland-Pfalz. *Alte Schlossstr. 2 | Tel. 02622 9 26 41 17 | villamusica.de | Bus 53 Schlosstheater | Engers | 🚇 K7*

---

#### WOHIN ZUERST?

Bevor du ins Neuwieder Nachtleben abtauchst, kannst du den Sonnenuntergang vom Deich aus erleben. Die **Mittelstraße** bietet Gelegenheit, den ersten Drink des Abends zu genießen. Und nach deinem ausgiebigen Kneipenbummel zwischen blauer Stunde und Morgengrauen kannst du hier auch deinen Absacker bestellen.

---

## BARS & KNEIPEN

### AMERICAN SPORTSBAR

Tagsüber Café, abends Kneipe, Cocktailbar und Sportsbar hat der Laden in der Innenstadt Kultstatus erreicht. Ein gastronomisches Chamäleon mit mehr als 70 Prozent Stammgästen. Und du kannst ein Teil der Familie werden. *Mo–Do 10–0, Fr, Sa 10–2, So 13–22 Uhr | Langendorfer Str. 112 | Tel. 02631 35 72 15 | Bus 51 Schlossstraße | Innenstadt | 🚇 F6*

### BILDUNGSLÜCKE ⭐

Es ist (k)eine Bildungslücke, wenn du die Bar des *food hotels* noch nicht kennst. Dabei wird die Bar nicht nur für Hausgäste geöffnet. Der Chillfaktor als After-Work-Location ist hoch. Neben kleinen Snacks gibt es regionale Spirituosen, ausgesuchte Weine und gut gekühlte Biere. Samstags geht es bereits um 15 Uhr los. Dann flimmert unter dem Motto „Bundesliga, Bier und Bratwurst" die Fußballbundesliga über die Großbildleinwand. *Mo–Fr 20–24, Sa, So ab 15 Uhr | Langendorfer Str. 155–157 | Tel. 02631 8 25 20 | food-hotel.de/bildungsluecke | Bus 110 Langendorfer Straße | Innenstadt | 🚇 F7*

### BORSALINO

Für den Auftakt des Abends oder den Start in den Tag: Abends gibt's hier Cocktails und morgens Kaffeespezialitäten – und angeblich das kühlste Bier der Stadt. *Tgl. 10–0 Uhr | Schlossstr. 34 | Tel. 01573 1 58 32 42 | Bus 51 Schlossstraße | Innenstadt | 🚇 F6*

Welcome to Ireland im Thirsty Lion

## LA CUBA

Karibische Lebensart im historischen Ambiente des Alten Zollhauses: Neben Cocktails und Longdrinks gibt's auf der Karte kubanische und mexikanische Gerichte. Unbedingt probieren: die Vorspeisenauswahl der „Primer Plato" oder die „Tosdillas". **Auf Wunsch wird alles auch besonders scharf angeboten.** *Tgl. 11.30–14, 17.30–0 | Mittelstr. 4 | Tel. 0263 9 52 35 84 | la-cuba.de | Bus 51 Marktkirche |* *Innenstadt* | ☐ F6

**INSIDER-TIPP**
**Feuerspucken gefällig?**

## DESTILLE EWIG JUNG

Im historischen Flair einen Longdrink nippen, sich durch die regionale Weinkarte probieren oder mit einem Sektchen auf was auch immer anstoßen – die Getränkekarte bietet die eine oder andere Idee. Mama oder Oma nutzen Insta, WhatsApp und Co.? **Dann schnell ein paar Fotos schießen, denn hier gibt es leckere Klassiker aus ihrer kulinarischen Lebenswelt wie Toast Hawaii, Russisch Ei und Sülze.** *Mo, Mi–Fr 9–14, 18–23, Sa 18–23 Uhr | Marktstr. 10 | Tel. 02631 9 46 51 80 | destille-neuwied.de |* ☐ F7

**INSIDER-TIPP**
**Retro-Snack**

## THIRSTY LION ⭐

Authentische Pub-Atmosphäre und anerkannt gute Küche: Das Thirsty Lion ist eine gastronomische Institution in der Neuwieder Innenstadt mit regelmäßigem abwechslungreichen Entertainment. Pubquiz, Bingo und Livemusik mit mehr oder weniger bekannten Künstlern gehören zum Programm, aber auch international agierende Musiker geben hier schon mal ihre künstlerische Visitenkarte ab. Ausgeschenkt wird, natürlich, auch irisches Bier, aber auch die Cocktail-karte kann sich sehen lassen. Und wenn dich der Hunger packt, findest du auf der Speisekarte unter anderem eine große Burger-Auswahl. *So–Do 17.30–0, Sa, So 17.30–2 Uhr | Markt-str. 84 | Tel. 02631 86 18 78 | thirsty lion.de | Bus 50 Marktstraße | Innen-stadt | ▢ F6*

## THEATER & KABARETT

### BOOTSHAUS AN DER RHEIN-BRÜCKE

Mit seinem „KulturRaum" hat das Bootshaus einen kommunikativen Ort der Begegnungen für bis zu 150 Menschen geschaffen. Rund um die Kleinkunstbühne finden regelmäßig Veranstaltungen statt – vom Puppen-theater über Comedy und Konzerte bis hin zur Travestieshow ist so ziem-lich alles dabei. *Do–Sa 17–23, So 10.30–21 Uhr | Rheinstr. 80 | Tel. 0172*

*4 50 86 32 | event-bootshaus.de | Bus 20 Dammstraße | Innenstadt | ▢ F7*

### FREIE BÜHNE NEUWIED ★

Über 40 Inszenierungen von Theater-stücken für Kids bis zu Musicals für Erwachsene hat der Schauspieler und Regisseur Boris Weber seit der Grün-dung 2003 auf die Bühne gebracht. ==Auch seine Kunstfigur „Rai-ner" ist in Neuwied berühmt.== Mit an Bord ist auch die Schauspielerin und Sängerin Tammy Sperlich. *Markenweg 26 | Tel. 0163 4 45 58 51 | freie-buehne-neuwied. de | Bus 52 Marktweg | Heimbach-Weis | ▢ K4*

**INSIDER-TIPP**
**Reine(r)s Theater**

### KLEINKUNSTBÜHNE NEUWIED

Kabarett, Comedy, Zimmertheater, viel „handgemachte" Musik, Lesun-gen, Poetry-Slam, „Kunst gegen Bares" – alles und noch mehr im Programm,

Schönes Theater: „Eine traumhafte Sommernachtsrevue" der Kulturkuppel

ab 2021 in der neuen Spielstätte, der Studiobühne im Schlosstheater Neuwied mit knapp 100 Plätzen. *Theaterplatz 3 | info@kleinkunstbuehne-neuwied.de | kleinkunstbuehne-neuwied.de | Bus 52 Uranusstraße | Innenstadt | F6*

## KONZERTE & VERANSTALTUNGEN

### KREUZGANG KONZERTE
Überdacht und wettergeschützt genießt du in der einmaligen Atmosphäre des ehemaligen Klosters die Konzertaufführungen. Der offene Bogengang, in dem einst die Mönche wandelten, gibt den Blick auf den Kräutergarten der Abtei und den Brunnen frei. *Stiftsstr. 2 | Infos unter Tel. 02631 80 22 08 | kreuzgang-konzerte.de | Bus 52 Berufsbildungswerk | Heimbach-Weis | K4*

**INSIDER-TIPP**
**Konzert mit Kräuternote**

### KULTURKUPPEL
2013 gründete der Verein Chamäleon – Alles nur Theater die Kulturkuppel: ein weiterer Mosaikstein im Kulturleben Neuwieds. Der gemeinnützige Theater- und Kulturverein bringt engagierte Amateure und Profis aus Schauspiel, Regie, Tanz und Gesang zusammen. Das Ergebnis: ein hohes Niveau der auch überregional bekannten Inszenierungen und Theaterproduktionen. Kult ist mittlerweile der einmal im Monat stattfindende Poetry-Slam. *Kirchstr. 4 | Tel. 0178 5 61 33 40 | kulturkuppel.de | Bus 53 Schlosstheater | Innenstadt | F6*

# NEUWIEDER KÖPFE

**MARGARITA BROICH, SCHAUSPIELERIN**

„Neuwied ist meine Nummer eins! Mein erster Kuss. Mein erster Freund. Mein erstes Auto. Meine erste Zigarette. Mein erstes Theater. Mein erster Kinobesuch. Mein erstes Bier. Mein zweites Bier."

### ROMMERSDORFER FESTSPIELE ★
Konzert, Theateraufführung oder doch lieber eine Lesung? Du hast die Wahl bei den Rommersdorfer Festspielen mit vielen prominenten Protagonisten. Beim Kulturbüro der Stadt Neuwied kann das jeweilige Programm abgerufen werden. *Stiftsstr. 2 | Infos unter Tel. 02631 80 22 08 | rommersdorf-festspiele.de | Bus 52 Berufsbildungswerk | Heimbach-Weis | K4*

# AKTIV &
# ENTSPANNT

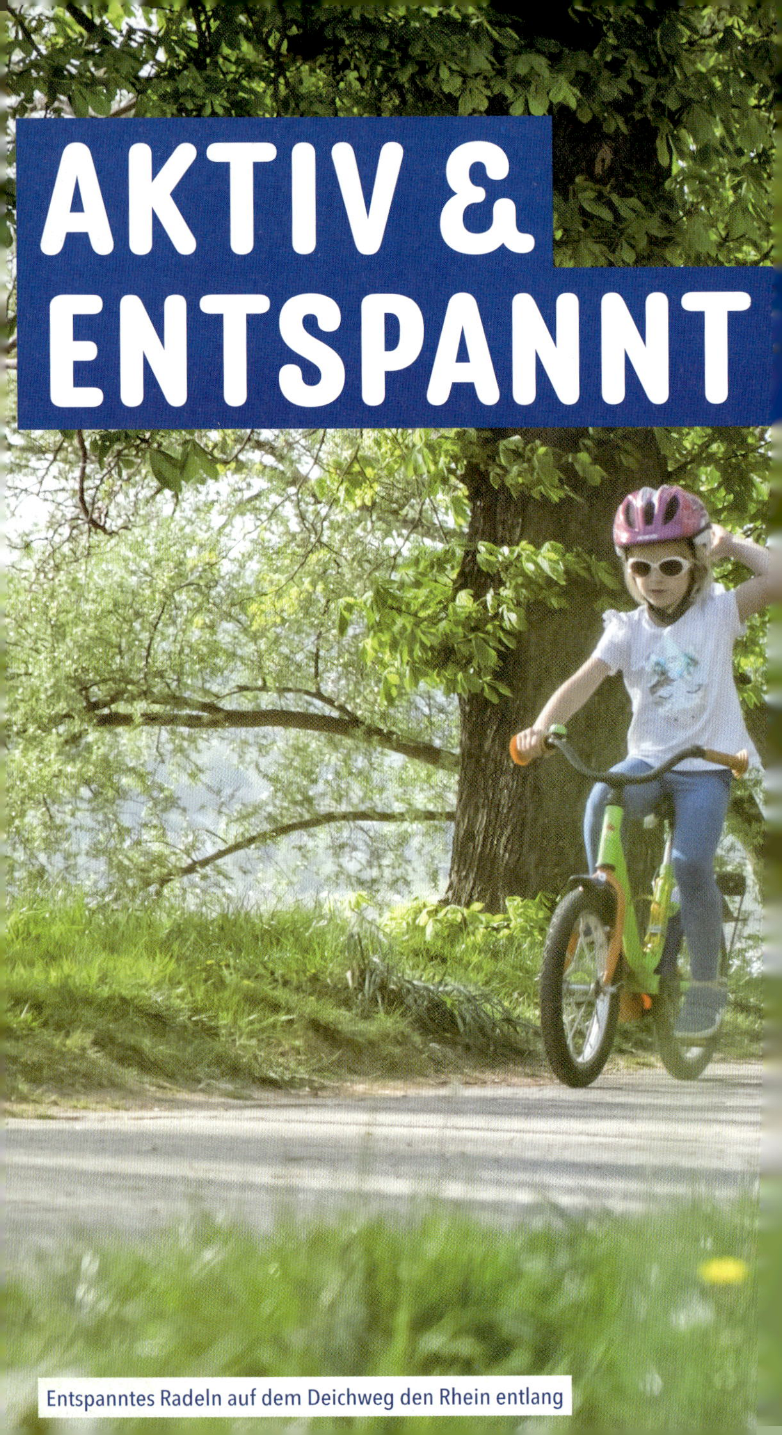

Entspanntes Radeln auf dem Deichweg den Rhein entlang

# SPORT, SPASS & WELLNESS

## WASSER UND WELLEN

Im Rhein schwimmen – lass es lieber bleiben. Nicht, weil der so dreckig ist, sondern weil tückische Strömungen Schwimmer in Gefahr bringen können. Abgesehen davon, es ist ohnehin verboten. Aber es gibt ja Abhilfe. 25-Meter-Becken, Sprungbecken, Aktivbecken mit Strömungskanal, beheiztes Außenbecken, Großwasserrutsche mit Zeitmessanlage, damit du auf die Zehntelsekunde genau weißt, wie schnell du warst – wer in der ☂ *Deichwelle* nicht ins Schwimmen kommt, ist wirklich selber schuld. Im Sommer lockt das Freibad nebenan; Wellness für besondere Entspannungsmomente gibt es in der großzügigen Saunalandschaft mit angeschlossenem Saunagarten. *Di–So bis 21 Uhr | Eintritt ab 14 Euro (Familienkarte) | Andernacher Str. 55 | Tel. 02631 85 16 66 | deichwelle.de | Bus 51, 53 Hofgründchen | ☐ F6*

## UNTER FREIEM HIMMEL 👥

Kühler Kopf an heißen Tagen im *Familienfreibad Oberbieber*. An der tiefsten Stelle misst das Becken gerade mal 1,35 m, im beheizten Kleinkinderbecken 25 cm – ideal für Kinder und ungeübte Schwimmerinnen und Schwimmer. Dazu gibt's Wassergymnastik und Kinderanimation. Schön: die Liegewiesen unter altem Baumbestand. *Juni–Aug. 10–20 Uhr | Eintritt 3,50 Euro (Erwachsene), Kinder 2 Euro | Zum Aubachtal 52 | Tel. 0151 57 00 77 20 | h-v-o.eu | Bus 51, 58 Oberbieber Kirche | ☐ H3*

## SPRITZTOUR 👥

Wasser marsch für die ganze Familie unter dem Motto „Wasser und Natur erleben" im *Wasserpark Feldkirchen*: An über 20 spannenden Stationen kann das Wasser gestaut, umgelenkt oder gepumpt werden. *Wasserpark Feldkirchen Mai–Juni Mi–So 10–18,*

Juli–11. Aug. Di–So 10–18, 12. Aug.–1. Sept. Mi–So 10–18 Uhr | Eintritt 3 Euro | Kehlbachstr. 65 | Tel. 02631 7 15 26 | wasserpark-feldkirchen.de | Bus 56, 76 Irlicher Str. | ▭ D4

## LEGALES ENTERN 👥

Über 300 kleine Seeräuber und mehr als 6300 m² Spielfläche mit spannenden Elementen auf drei Etagen im *Piratenland Neuwied*: Da ist mächtig was los – bei schönem Wetter auch draußen. Die Hauptattraktion ist ein 6 m hohes Klettergerüst. Oder vielleicht doch lieber ein Flug mit dem „Pirate Fly"? Action und Spannung versprechen auch die vier Riesenrutschen, eine coole Seilbahn und die Ballschussanlage. Fehlt noch was? Na, klar. Das Piratenschiff steht zum Entern bereit. Oder wie wäre es mit einer Partie Rummatschen an der Riesenwasserrutsche? *Mo–Fr 14–18.30, Sa, So, Fei 10.30–18.30 Uhr | Eintritt 10 Euro (Kinder ab 8 Jahren), Erwachsene 4,90 Euro | Igelweg 7 | Tel. 02622 92 17 70 | piratenland-neuwied.de | Regionalbahn RB 27 Bahnhof Engers, Bus 67 Bahnhof/Wasserturm (ca. 800 m Fußweg bis zum Piratenland) | ▭ K6*

## VIERDIMENSIONAL ⛱ 👥

Tageslicht ist out, angesagt ist Schwarzlicht. Und was macht man in dieser geheimnisvollen Atmosphäre? In anderen Städten Unterhaltung in 3-D. Doch das war den Machern in Neuwied nicht genug: Im *Black Pearl* erwartet dich ein spannendes 4-D-Abenteuer; auf der 18-Loch-Minigolfanlage kannst du die Bälle schwebend einlochen – einzigartig in Europa. Hier erwarten dich 600 m² Action, Erlebnis, Spaß und viel Spannung: Da beginnt eine fantastische Reise voller

> **INSIDER-TIPP**
> Schwebend ins schwarze Loch

Illusionen. *Mi–Do 15–21, Fr 15–22, Sa 12–22, So 12–21 Uhr | Eintritt 9,50 Euro |*  *Kinder (0–4 Jahre) frei | Unterm Flecken 2 | Tel. 02622 8 84 98 45 | blackpearl-neuwied.de | Bus 67, 70 Werftstraße |* K7

## ETWAS MEHR ALS EINE STUNDE ★ ☂

Längst kein Geheimtipp in der Szene mehr und ein absolutes Muss für Neuwied-Besucher: *66 Minuten* Theater Adventures. In der Deichstadt haben Theatermacher das Thema „Escape Rooms" völlig neu interpretiert. Hier erlebst du als Rätselfan und Abenteurer In- und Outdoormissionen der etwas anderen Art. Für Kids gilt es, „Maditas Geheimnis" zu lüften. Oder wie wäre es mit einer echten „Schattenjagd" unter freiem Himmel? Dort müsst ihr einem mysteriösen Unbekannten durch Neuwied folgen. Aber bitte nur nach Voranmeldung. *Mo–So 9–21 Uhr | Eintritt für ein Team (3–8 Spieler) 120 Euro | Kirchstr. 4 | Tel. 0178 5 61 33 40 | 66minuten.de | Bus 53, 56 Schlosstheater, Bus 51, 52 Schlossstraße |* F6

## ZEIT FÜR SCHÖNHEIT

Was gibt es Schöneres, als nach einem ausgedehnten Stadtbummel dem Alltagsstress zu entfliehen? Wenn du mal wieder ganz bei dir sein möchtest, ist ein Besuch des *Kosmetikinstituts Schönzeit* im Neuwieder *food hotel* die beste Möglichkeit. Hier kannst du im Einklang von Körper, Geist und Seele etwas für deine Schönheit, Gesundheit und das allgemeine Wohlbefinden tun. Das umfangreiche Wellnessangebot reicht von der klassischen Gesichtsbehandlung über Fußpflege und Maniküre bis hin zur Ganzkörper-Ölmassage. Natürlich gibt es die Zeit für Schönheit auch für Männer. Entspannung pur! *Mo–Fr 9–18, Sa 9–16 Uhr | Langendorfer Str. 155 | Tel. 02631 97 83 83 | schoenzeit-kosmetik institut.de | Bus 110 Langendorfer Straße |* F7

## EISKALTER HAUCH

Rutschpartie oder elegante Pirouetten: Im 1800 m² großen ☂ *Icehouse*, Austragungsort der Heimspiele des Eishockeyteams Bären Neuwied, können Anfänger und Fortgeschrittene im Winter Spuren ins Eis kratzen. Eisdisco gibt's für die Kids und jeden Samstagabend vom DJ ordentlich Beats auf die Ohren. Du trägst deine Schlittschuhe auf Reisen nicht immer mit dir rum? Kein Problem, die musst du auch gar nicht dabeihaben; gegen Entgelt können welche ausgeliehen werden, und das in Schuhgrößen von 26 bis 50. Du fühlst dich noch nicht ganz so sicher auf dem Eis? Auch da kann Abhilfe geschaffen werden, Laufhilfen für Eislaufnovizen jedes Alters gibt's natürlich auch. *Laufzeiten während der Saison im Laufzeitenkalender | Eintritt ab 3,50 Euro (Erwachsene und Jugendliche) | Andernacher Str. 111 | Tel. 02631 2 89 72 | icehouseneuwied. de | Bus 51, 58 Stadion | □ F6*

### PUTTEN UND PITCHEN

Golfen mit Kulisse (nach Terminvereinbarung) und Golf-Restaurant: Die landschaftlich reizvoll gelegene *18-Loch-Golfanlage Burghof* des Golfclubs Rhein-Wied gehört zu den schönsten Plätzen in Rheinland-Pfalz *(Gut Burghof) (tgl. | Greenfee ab 60 Euro | Tel. 02622 8 35 23 | gc-rhein-wied.de).* Eine Nummer kleiner geht es beim ☛ Minigolf auf dem Platz des Miniaturgolfclubs Neuwied *(Mo–Fr ab 15, Sa–So ab 12 Uhr | Eintritt 3 Euro (Erwachsene), Kinder (bis 13 Jahre) 2 Euro | im Wiedtal, unterhalb der Burg Altwied | Tel. 02631 5 48 50 | minigolf-neuwied.de | Bus 131, 137 Burg (im Stadtteil Altwied) | □ L3*

Des Golfers grüner Traum: Golfanlage Burghof

# FESTE & EVENTS

Dass die Menschen entlang des Rheins feierfreudig sind, ist definitiv kein Mythos. Und das gilt keineswegs nur für die „tollen Tage" im Karneval. Die Neuwieder machen da keine Ausnahme: Das ganze Jahr über gibt es in der Deichstadt einen begründeten Anlass für Festivitäten.

### JANUAR

⭐ 🚩 **Festival der Currywurst:** Nicht in Berlin und auch nicht im Ruhrgebiet – nein, in Neuwied steht das kulinarische Denkmal für die Currywurst. Currywurst-Buden aus der ganzen Republik bieten leckere Variationen rund um den scharfen Klassiker. Weltweit einmalig! *Luisenplatz | neuwied. de/currywurst.html*

### MÄRZ

**ChocolART:** Wer auf Diät ist, bleibt besser weg, alle anderen schwelgen. Top-Chocolatiers und zahlreiche Manufakturen bilden den süßen Rahmen des Schokoladenfestivals. *Luisenplatz | chocolart.de*

### APRIL

**Kulturraum Garten:** Zum Auftakt der Gartenzeit verwandelt sich der Luisenplatz in einen über 12 000 m² großen Kulturraum Garten, in dem Freunde einheimischer und exotischer Pflanzen fündig werden. *neuwied.de/gartenmarkt.html*

### JUNI/JULI

👥 **Heddesdorfer Pfingstkirmes:** Eines der größten Volksfeste seiner Art am gesamten Mittelrhein mit Fahrgeschäften und den traditionellen Pfingstreitern. *Heddesdorf | neuwied. de/pfingstkirmes.html*

**Kreuzgang Konzerte/Rommersdorf Festspiele:** Im Sommer wird die Abtei Rommersdorf mit ihrem englischen Garten zu einem Konzertsaal der be-

Der Himmel für Schokofans: die ChocolART, das Schokoladenfestival in Neuwied

sonderen kulturellen Art. *Abtei Rommersdorf | neuwied.de/kultur-in-rommersdorf.html*

**Deichstadtfest:** Das Fest zur Eröffnung des neu gestalteten Luisenplatzes vor 40 Jahren ist eine lieb gewonnene Veranstaltung geworden mit Musik und Gaumenfreuden. *Innenstadt | neuwied.de/deichstadtfest.html*

⭐ **Französischer Markt:** Für zwei Tage weht französisches Savoir-vivre mit Spezialitäten aus Küche und Keller durch die Straßen und Gassen von Neuwied. Urlaubsstimmung garantiert! *Innenstadt | neuwied.de/franzoesischer-markt.html*

### AUGUST/SEPTEMBER

📢 **creole_sommer:** Musikerinnen und Musiker unterschiedlicher Kulturen treffen sich auf der Bühne in den Goethe-Anlagen. Und das sogar kostenlos. *Goethe-Anlagen | neuwied.de/creole_sommer.html*

📢 **Neuwied Classics:** Über 200 Young- und Oldtimer ziehen die Fans im Spätsommer in ihren Bann. Moderne Note: Food-Trucks bringen zu dem PS-Spektakel kulinarische Abwechslung in die Stadt. *Innenstadt | neuwied.de/classics.html*

### OKTOBER

**Neuwieder Markttage:** mit über hundert Ständen an zwei Tagen und verkaufsoffenem Sonntag. Auf dem Luisenplatz schlägt die Ehrengarde ihr historisches Heerlager auf. *Innenstadt | neuwied.de/markttage.html*

### NOVEMBER/DEZEMBER

👪 **Kinder-Knusperland:** In der Vorweihnachtszeit verwandelt sich der Luisenplatz in eine fantasievolle Kinderwelt mit Wichtelhäuschen, Kunsthandwerker- und Knuspermarkt sowie Musikbühne. *Luisenplatz | neuwied.de/knuspermarkt.html*

# SCHÖNER SCHLAFEN

### ZWISCHEN CHIPS UND KEKSEN

In einem Supermarkt übernachten? Ganz legal? Geht nicht? Geht doch! Denn das *food hotel (113 Zimmer | Langendorfer Str. 155 | Tel. 02631 8 25 20 | food-hotel.de | Bus 110 Langendorfer Straße | €€ | Innenstadt | ▢ F7)* ist das erste Supermarkt-Themenhotel Europas. Die 113 Zimmer im mehrfach ausgezeichneten Hotel sind in die Kategorien „Einweg", „Extrapack" und „Mehrweg" eingeteilt. Der Clou: 46 Zimmer sind thematisch eingerichtet. So kann man im Prinzenrolle- oder Chio-Chips-Zimmer – mit Discokugel über dem Bett und fetten Beats – übernachten.

### KURFÜRSTLICHER BAROCK

Gediegen, ja geradezu königlich nächtigen: Im ausgezeichneten *Hotel Schloss Engers (17 Zimmer | Alte Schlossstr. 2 | Tel. 02622 9 26 42 95 | schloss-engers.de | Bus 54 Engers Mit-* te *| €€€ | Engers | ▢ K7)* haben bereits illustre Gäste der Hofgesellschaft des Kurfürsten genächtigt. Das Hotel mit dem opulenten Charme des 18. Jhs. ist dennoch mit den modernen Annehmlichkeiten der Neuzeit ausgestattet. Weitere Übernachtungsmöglichkeiten in der angeschlossenen Residenz und im Gästezimmer.

### MITTENDRIN

So einfach kann die Namensfindung sein. Das *City Hotel (25 Zimmer | Marktstr. 97–99 | Tel. 02631 82 52 80 | cityhotelneuwied.de | Bus 50 Marktstraße | €€ | Innenstadt | ▢ F6)* liegt inmitten der Neuwieder Innenstadt – ideal also vor allem für einen Kurzaufenthalt in der Deichstadt.

### GANZ SCHÖN FLIPPIG

Das gibt es – nach eigenem Bekunden – weltweit nur hier. Wer nach dem Ausprobieren der Flipperautomaten

Fairtrade Afrika, eines der Themenzimmer im food hotel

im *Flippermuseum* ➤ S. 41 noch nicht genug hat, der kann im *Flipperhotel (3 Zimmer | Hermannstr. 9 | Tel. 02631 35 81 83 | flipperhotel.de | Bus 51 An der Matthiaskirche | €€ | Innenstadt | F6)* direkt gegenüber dem Flippermuseum „Extraball" sein Haupt zur Ruhe betten. Oder auch nicht. Vielleicht wird die Nacht auch mit stundenlangem Daddeln verbracht, denn in jedem der drei Zimmer steht ein Flipperautomat. Angelehnt an die farbenfrohen Motive berühmter Flipperautomaten sind die Räumlichkeiten ebenso anspruchsvoll wie individuell ausgestattet.

**INSIDER-TIPP**
**Spielend durch die Nacht**

### GANZ IN WEISS
Und vielleicht mit einem Rosenstrauß? Wer weiß. Nächtigen kann man jedenfalls recht gediegen in ei-

nem exklusiven, historischen Ambiente in der *Tagungsvilla Weißer Berg* im Jugendstil *(16 Zimmer | Weißer Berg 5 | Tel. 02631 9 68 81 00 | tagungsvilla-weisserberg.de | Bus 51 In der Schleth | €€ | Niederbieber | F4).*

### 1001 NACHT
Die wirst du hier wahrscheinlich nicht verbringen, aber wenn du verkehrsgünstig und dennoch sehr ruhig am Neuwieder Hauptbahnhof nächtigen willst, bist du im *Hotel Imota (52 Zimmer | Wilhelm-Leuschner-Str. 12 | Tel. 02631 94 10 50 | hotel-imota.com | Bus 50 Moltkeplatz | € | Innenstadt | F6)* richtig. Das Preis-Leistungs-Verhältnis stimmt, dich erwartet preiswerte Zweckmäßigkeit statt Luxus. Aber das tut dem Schlafkomfort keinen Abbruch. Zurück zu 1001 Nacht: Im hoteleigenen Restaurant ➤ S. 62 im Erdgeschoss werden leckere arabische Speisen angeboten.

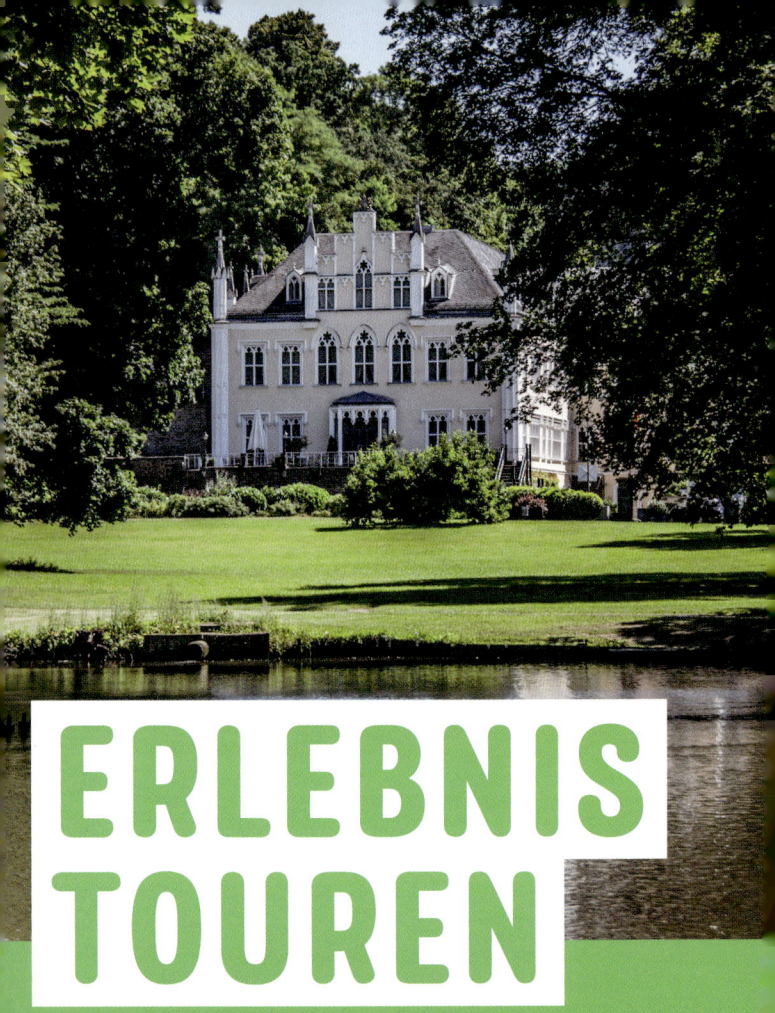

# ERLEBNIS TOUREN

Lust, die Deichstadt und ihr Umland näher kennenzulernen? Dann sind die ausgewählten Erlebnistouren genau das Richtige für dich!
Geh bei einem Stadtspaziergang auf Spurensuche in Neuwieds Innenstadt und entdecke bei einer Fahrradtour die abwechslungsreichen jahrtausendealten Kulturlandschaften zwischen Neuwieder Becken und Westerwald.

Idyllisch im Park: Die Fürsten von Sayn residieren stilvoll

# DIE ERLEBNISTOUREN IM ÜBERBLICK

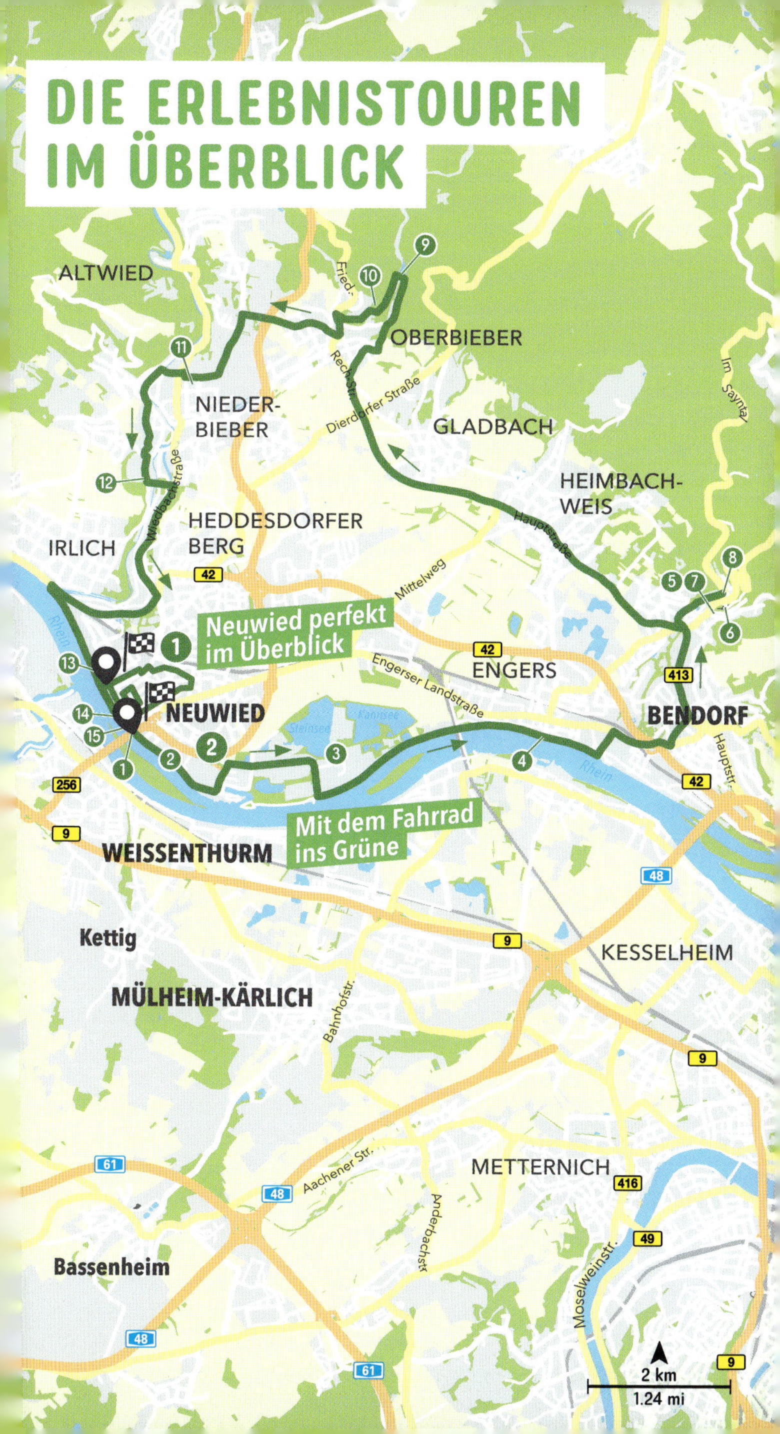
ALTWIED
Fried-
OBERBIEBER
Rech-Str.
NIEDER-
BIEBER
Dierdorfer Straße
GLADBACH
Im Sayntal
Wiedbachstraße
HEIMBACH-
WEIS
HEDDESDORFER
BERG
IRLICH
Hauptstraße
42
Mittelweg
Rhein
Neuwied perfekt
im Überblick
42
ENGERS
Engerser Landstraße
413
NEUWIED
BENDORF
Steinsee
Kaansee
Rhein
Hauptstr.
256
42
9
WEISSENTHURM
Mit dem Fahrrad
ins Grüne
48
9
Kettig
KESSELHEIM
MÜLHEIM-KÄRLICH
Bahnhofstr.
9
61
Aachener Str.
METTERNICH
416
48
Anderbachstr.
49
Bassenheim
Moselweinstr.
48
61
9
2 km
1.24 mi

# 🅠 NEUWIED PERFEKT IM ÜBERBLICK

➤ **Neuwied kompakt: blaues Blut, Herrnhuter Viertel, Luxusmöbel**
➤ **Historische Spurensuche, fürstliches Schloss, Leben hinterm Deich**

📍 Schloss Neuwied      🏁 Schlosspark

➡ 5,1 km      🚶 2 Stunden, reine Gehzeit 80 Minuten

ℹ Bequem zu Fuß zu allen Sehenswürdigkeiten

## GESCHICHTSTRÄCHTIG

Los geht's am ❶ **Schloss Neuwied** ➤ S. 29. Vom Eingangstor nach rechts kommt man auf einen kleinen Platz mit dem ❷ **Prinz-Max-Denkmal** ➤ S. 28. Auf der anderen Straßenseite erinnert ein alter Backsteinbogen, das ❸ **Mahnmal der Synagoge** ➤ S. 30, an das ehemalige jüdische Leben in Neuwied. Nach rechts geht es in die Synagogengasse bis zur Schlossstraße, dann nach rechts in Richtung Rhein. Kurz vor der ❺ **Deichmauer** ➤ S. 34 befindet sich linker Hand die ❹ **StadtGalerie** ➤ S. 32 in der ehemaligen Mennonitenkirche. Davor biegst du in die Rheinstraße ein und siehst linker Hand das ❻ **Schärjer-Denkmal** ➤ S. 28, das zeigt, wie die Waren aus den Frachtschiffen geholt und zum ❼ **Alten Zollhaus** ➤ S. 32 gebracht wurden. Weiter auf der Rheinstraße passierst du rechts das ❽ **Alte Brauhaus**. Nach links zweigt die Pfarrstraße ab, wo sich in Hausnummer 8 das ❾ **Historische Rathaus** ➤ S. 33 befindet. Hinter der Kirchstraße steht an der Ecke des ehemaligen Marktplatzes das ❿ **Marktfrauen-Denkmal**. Du biegst nach links in die Engerser Straße ab, siehst von Weitem die ⓫ **Evangelische Marktkirche** ➤ S. 33 und erreichst den **Alten Trinkwasserbrunnen**. Tipp: Auf Augenhöhe findet man nichts – wie beim „Engel der Kulturen" nur ein paar Meter weiter. Nach rechts geht es in die Mittelstraße, dann wieder rechts. Sie verbreitert sich zum Luisenplatz, an dessen Ende du der Langendorfer Straße folgst.

## KÜNSTLER, GLÄUBIGE, VERWUNSCHENES UND MEHR

Du kreuzt die Pfarrstraße. Im **12** **Roentgenhaus** wirkten die Kunsttischler Abraham und David Roentgen. Sie waren maßgeblich am Bau des **13** **Herrnhuter Viertels** ➤ S. 36 der Herrnhuter Glaubensgemeinde beteiligt. Das erreichst du, wenn du zurückgehst auf die Langendorfer Straße, ihr rechter Hand folgst und rechts in die Friedrichstraße einbiegst. Über Friedrichstraße, Engerser Straße und Kirchstraße kommst du zur Rheinstraße und biegst links in diese ein. Nach rechts geht es zu den **14** **Goethe-Anlagen** ➤ S. 35. Über die Herrmannstraße geht es geradeaus in die Friedrich-Siegert-Straße. Hinter einer Bruchsteinmauer erwartet dich der **15** **Alter Friedhof** ➤ S. 40, ein zugewuchertes Gelände mit geheimnisvoller Atmosphäre. Am Ende der Friedrich-Siegert-Straße biegst du nach links auf den Raiffeisenplatz ab. Am Bolzplatz solltest du die Straße überqueren, um das rosa gestaltete Eckhaus sehen zu können, das **16** **Roentgen-Museum** ➤ S. 37, das die Möbel von Abraham und David Roentgen zeigt. Auf der anderen Straßenseite steht **17** **Vater Raiffeisen**. Über die Eduard-Verhülsdonk-Straße gelangst du zum **Moltkeplatz**

**12** Roentgenhaus

**13** Herrnhuter Viertel

**14** Goethe-Anlagen

**15** Alter Friedhof

**16** Roentgen-Museum

**17** Vater Raiffeisen

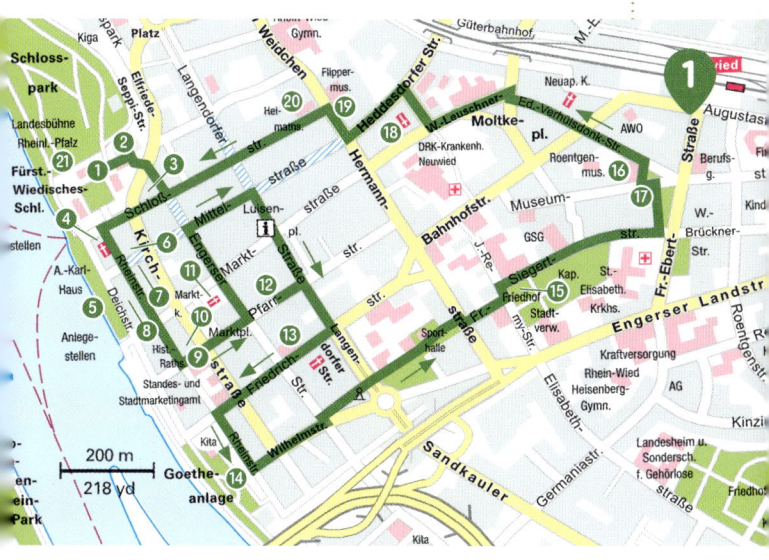

mit seltsamer Straßenführung und kleiner Treppe zum Fußgängerüberweg – Relikte aus der Zeit elektrifizierter Straßenbahnen und Oberleitungsbusse. Über die Wilhelm-Leuscher-Straße kommst zur ⑱ **St. Matthias-Kirche** ➤ S. 40. Auf der Heddesdorfer Straße biegst du am Kino rechts ab und siehst in der Herrmannstraße/ Im Weidchen das ⑲ **Flippermuseum** ➤ S. 41. Du überquerst die Straße und folgst der Schlossstraße, wo sich rechts das ⑳ **Heimathaus** befindet. Geradeaus geht's die Schlossstraße Richtung Deich und Deichtor. Wenn du dich nach dem Deichtor rechts hältst, kommst du nach einigen Hundert Metern in den ㉑ **Schlosspark** ➤ S. 30.

**⑱ St. Matthias-Kirche**

**⑲ Flippermuseum**

**⑳ Heimathaus**

**㉑ Schlosspark**

# ❷ MIT DEM FAHRRAD INS GRÜNE

➤ Beim Radeln trifft urbane Stadtteilkultur auf Natur
➤ Historische Architektur von den Römern bis ins Mittelalter

📍 Raiffeisenbrücke

🏁 Raiffeisenbrücke

🔄 36 km

🚲 5 Stunden, reine Fahrzeit 3 Stunden

ℹ️ Bus 37, 335 Langendorfer Straße

### KULTURHISTORISCHE LANDSCHAFTEN

**❶ Raiffeisenbrücke**

Du startest unter der ❶ **Raiffeisenbrücke** ➤ S. 36, folgst dem „Rheinradweg" stromaufwärts vorbei an den ❷ **Rheinkrananlagen** und steuerst das ❸ **Wasser- und Vogelschutzgebiet „Engerser Feld"** an, das seltenen Vögeln als Rast- und Brutplatz dient. Heckrinder beobachten deinen Weg zurück zum Rhein. Links geht es nach Engers unter einer mächtigen Eisenbahnbrücke her. Von hier aus siehst du ❹ **Schloss Engers** ➤ S. 51 und folgst den gelben Markierungen des „Deichstadtwegs" Richtung Bendorf. Über die Hüttenstraße kommst du auf die Bendorfer Straße; rechts geht es Richtung Schloss Sayn.

**❷ Rheinkrananlagen**
**❸ „Engerser Feld"**

**❹ Schloss Engers**

### FLATTERHAFTE WESEN

Über die Koblenz-Olper-Straße passierst du alte Herrenhäuser, biegst nach rechts auf die Schlossstraße ab und erreichst **❺ Schloss Sayn** ➤ S. 54, über dessen Dach die **❻ Burgruine Sayn** thront. Wenige Meter entfernt befindet sich der **❼ Garten der Schmetterlinge** ➤ S. 54, in dem ebenso zarte wie bunte Wesen ihre Runden drehen. Etwas handfester ging es in der nahe gelegenen **❽ Sayner Hütte** ➤ S. 55 zu.

### RÖMERSPUREN & STADTRANDERHOLUNG

Zurück auf der Koblenz-Olper-Straße biegst du in die Engerser Landstraße ab und direkt in die erste Straße (Weiser Straße) nach rechts. Die Fahrradwegweiser leiten dich nach Oberbieber; du folgst den Hinweisschildern Richtung Freibad. Wo der Fahrradweg auf die asphaltierte Straße stößt, kann man nach einem Schlenker nach rechts im Biergarten „Zum Schwanenteich" am **❾ Stausee Oberbieber „Schwanenteich"** ➤ S. 45 einkehren. Auf der Wingertsbergstraße geht es zur rekonstruierten Limesbefestigung **❿ Wingertsbergturm** ➤ S. 45, dann nach links in die Friedrich-Rech-Straße bis zur rechts abzweigenden Altwieder Straße. Auf der folgst du den Fahrradwegschildern nach Niederbieber. Über die Melsbacher Straße kommend bleibst du auf der Straße Am Limes. Hier befindet sich das **⓫ Kastell Niederbieber** ➤ S. 46, ein ehemaliges Römerbad. Du folgst den Fahrradwegweisern Richtung Neuwied. Bergab geht es unter Bäumen an urbanen Industriestätten vorbei und dann blickst du auf eine Parkanlage mit dem ehemaligen **⓬ fürstlichen Jagd- und Lustschloss**. An der Rasselsteiner Straße fährst du nach rechts und bleibst auf dem Fahrradweg bis zur Kreuzung, wo du den Radweg entlang der B 42 über die Wiedmündung nimmst. An der Rodenbacher Straße fährst du nach links zum Rhein und biegst wieder nach links auf den Fahrradweg ab. Weiter geht es in Richtung **⓭ Schlosspark** ➤ S. 30. Der Radweg führt am Deich entlang. Am Fuße des **⓮ Pegelturms** ➤ S. 34 kannst du am späten Nachmittag die Radtour bei Sonnenuntergang ausklingen lassen. Durch die **⓯ Goetheanlagen** ➤ S. 35 geht's zurück zur Raiffeisenbrücke.

| | |
|---|---|
| ❺ | Schloss Sayn |
| ❻ | Burgruine Sayn |
| ❼ | Garten der Schmetterlinge |
| ❽ | Sayner Hütte |
| ❾ | Stausee Oberbieber „Schwanenteich" |
| ❿ | Wingertsbergturm |
| ⓫ | Kastell Niederbieber |
| ⓬ | Fürstliches Jagd- und Lustschloss |
| ⓭ | Schlosspark |
| ⓮ | Pegelturm |
| ⓯ | Goethe-Anlagen |

# GUT ZU WISSEN

## DIE BASICS FÜR DEINEN STÄDTETRIP

# ANKOMMEN

### ANREISE

Mit dem Pkw erreichst du Neuwied von Norden und Süden über die A3 (Frankfurt–Köln); an der Ausfahrt *Neuwied* fährst du ab und folgst auf der B 256 der Beschilderung in Richtung Neuwied.

Über die A 61 (Ludwigshafen–Köln) folgt man am Koblenzer Kreuz der A 48 Richtung Koblenz und fährt dort auf die B 9 Richtung Bonn. Von der Abfahrt *Neuwied* aus gelangt man über die Rheinbrücke direkt in die Innenstadt von Neuwied.

Tipp: Wenn du Zeit und Lust hast, solltest du spätestens im Rheintal auf die Autobahn verzichten. Entweder benutzt du die B 9 auf der linken Seite des Rheins oder die rechtsrheinische B 42. Von beiden Seiten wirst du von der Landschaft des Rheintals und den malerischen, historischen Ortschaften entlang der Ufer begeistert sein.

Wer mit der Bahn anreist, steigt am Neuwieder Bahnhof *(Augustastr. 33)* aus. Vor dem Bahnhof befindet sich der zentrale Busbahnhof. Von dort aus fahren Busse in die Neuwieder Stadtteile und in die Region. Ein weiterer Bahnhof *(Mühlhofenstr. 31 | 56566 Neuwied)* befindet sich im Stadtteil Engers.

Natürlich kannst du auch mit dem Flugzeug anreisen. Allerdings klappt das nur über die Flughäfen Frankfurt, Hahn oder Köln. Alle drei Airports sind in ca. einer Stunde Fahrtzeit erreichbar.

Bist du als Freizeitkapitän oder -kapitänin auf dem Rhein unterwegs, stehen im Jachthafen des MYCN Neuwied *(Rheinstr. 180 | Tel. 02631 35 36 37 | mycn.de)* ausreichend Liegeplätze für Motorboote zur Verfügung.

Flott unterwegs mit dem Fahrrad zwischen Rhein und Goethe-Anlagen

# MOBIL SEIN

### ÖFFENTLICHE VERKEHRSMITTEL

Neuwied und seine Vororte sind durch ein dichtes Busnetz erschlossen. Informationen zu Verbindungen und Preisen bekommst du auf der Website des Verkehrsverbunds Rhein-Mosel (vrminfo.de).

### E-MOBILITÄT

Drei Ladestationen mit insgesamt zehn Ladepunkten der Stadtwerke Neuwied sorgen für Elektromobilität. Und das natürlich mit Ökostrom. Alle befinden sich in unmittelbarer Innenstadtlage:

Schnellladestation mit 8 Parkplätzen (4 DC- und 4 AC-Ladepunkte) | Langendorfer Str. 82

Schnellladestation mit 2 Parkplätzen (2 AC-Ladepunkte) | Langendorfer Str. 150

Schnellladestation mit 2 Parkplätzen (2 AC-Ladepunkte) | Andernacher Str. 55 (Parkplatz Deichwelle)

Zwei Helme, hundert Prozent Spaß. Mit „Newb-e" bietet der Energieversorger Süwag **fast geräusch-, aber absolut emissionsfreien Fahrspaß in Neuwied an.** Von Frühjahr bis Spätherbst stehen 25 flotte E-Roller in trendigem Türkis zum Ausleihen bereit und bieten dir das etwas andere „Erfahren".

**INSIDER-TIPP Lautlos fix**

Über eine App (suewag2go.de) können die elektrobetriebenen Zweiräder an verschiedenen Standorten in der Deichstadt ausgeliehen werden. Pro Minute werden 18 Cent fällig. Für einen ganzen Tag Fahrspaß für zwei musst du 30 Euro zahlen.

### PARKEN

Im Innenstadtbereich findest du in fußläufiger Entfernung zu Sehenswürdigkeiten und Shoppingmöglichkeiten ca. 1500 Parkplätze. *Kostenpflichtig Mo–Fr 9–18, Sa 9–14 Uhr | 0,60 Euro/Stunde, Mindestgebühr 0,10 Euro | Höchstparkdauer 4 Stunden* Unterhalb der Rheinbrücke gibt es auch kostenfreie Parkplätze.

## FUSSGÄNGER

In der Neuwieder Innenstadt kommst du bestens zu Fuß zurecht und die Orientierung fällt dank der geometrischen Straßenführung leicht.

# VOR ORT

## TOURIST-INFORMATION

Das freundliche und kompetente Serviceteam der Neuwieder Tourist-Information findest du direkt neben dem Mini-ZOB auf dem Luisenplatz. Du möchtest eine dauerhafte Erinnerung an deinen Neuwied-Aufenthalt mitnehmen? Auch hierfür hat die Tourist-Information die passende Lösung parat. Du findest hier hochwertige Merchandising-Artikel und eine interessante Auswahl an Neuwied-Literatur: Von Bildbänden über historisch fundierte Schriftenreihen bis hin zum Neuwied-Krimi ist alles im Angebot. *Mo–Fr 9–17 Uhr (Sommer), Mo–Fr 10–17 Uhr, Sa 10.15–14.30 Uhr (Sommer und Winter), So 13–16 Uhr (Sommer) | Marktstr. 59 | Hotline 02631 8 02 55 55 | neuwied.de*

## STADTFÜHRUNGEN

Lust bekommen, Neuwied noch besser kennenzulernen? Das geht am besten im Rahmen einer der Stadtführungen, die vom Neuwieder Stadtmarketing angeboten werden. Über 20 Themen-Stadtrundgänge mit geschulten Stadtführerinnen und Stadtführern stehen zur Auswahl. Neben geführten Rundgängen durch die Innenstadt sind auch die Besuche des Alten Friedhofs oder die Deichführungen sehr beliebt. Wer die Stadt nicht zu Fuß erleben möchte, kann auch die Stadtrundfahrten mit dem Bus buchen.

## WAS KOSTET WIE VIEL?

| | |
|---|---|
| **Kaffee** | ca. 2 Euro *für eine Tasse im Café* |
| **Joghurt** | ca. 2,00 Euro *mit Früchten und Müsli to go* |
| **Döner** | ca. 4,00 Euro *vom Drehspieß* |
| **Museum** | 3–6 Euro *Eintritt* |

## HANDGEMACHT

Neuwied ist die Stadt der kleinen Manufakturen und Genusshandwerker. Hier entstehen in kunstvoller Handarbeit kreative Unikate und liebevoll gestaltete Lieblingsstücke. Die einen gehen ihrem Handwerk in der Freizeit nach. Andere haben aus ihrem Hobby einen Beruf gemacht. Aber für alle gilt: Sie produzieren Einzigartiges mit sehr viel Herzblut. So werden in der heimischen Werkstatt oder im

**INSIDER-TIPP**

**Wenn's was Besonderes sein soll**

==kleinen Handwerksbetrieb Einzelstücke gefertigt, deren Gestaltung fasziniert, die nützlich für den Haushalt sind, sich gut anfühlen oder einfach nur gut schmecken.== Gefertigt werden die Unikate aus allerbesten Rohstoffen, die hauptsächlich aus der Region stammen oder fair gehandelt wurden. Die Handwerksprodukte sind vielfach umweltfreundlich und ökologisch, aber immer fachlich hochwertig verarbeitet. Authentizität und der Stolz der Macherinnen und Macher inklusive. *deichstadtperlen.de*

# NOTFÄLLE

### FUNDBÜRO
Wer in Neuwied etwas verloren hat, kann den Gegenstand im städtischen Fundbüro wieder abholen. Über *zen tralesfundbuero.com* kannst du auch online suchen und finden. *Fundbüro Neuwied | Engerser Landstr. 17 | Tel. 02631 80 24 29 | neuwied.de*

### NOTFALLTELEFONE
Rund um die Uhr erreichst du die Polizei unter 110, die Feuerwehr unter 112 und in weniger dringenden Krankheitsfällen die ärztliche Bereitschaftsdienstzentrale unter *Tel. 02631 9 99 12 20*. Welche Apotheke in Neuwied außerhalb der üblichen Geschäftszeiten Notdienst hat, erfährst du unter *Tel. 01805 25 88 25* – PLZ und online unter *lak-rlp.de*.

### KRANKENHÄUSER
Im Krankheitsfall: das *DRK Krankenhaus Neuwied (Marktstr. 104 | Tel. 02631 9 80)* und das *Marienhaus Klinikum St. Elisabeth Neuwied (Friedrich-Ebert-Str. 59 | Tel. 02631 8 20)*

## WETTER IN NEUWIED

🟥 Hauptsaison
🟥 Nebensaison

| | JAN. | FEB. | MÄRZ | APRIL | MAI | JUNI | JULI | AUG. | SEPT. | OKT. | NOV. | DEZ. |
|---|---|---|---|---|---|---|---|---|---|---|---|---|
| Tagestemperaturen | 5° | 6° | 11° | 15° | 19° | 22° | 24° | 24° | 20° | 15° | 9° | 5° |
| Nachttemperaturen | -1° | -1° | 2° | 4° | 9° | 11° | 14° | 13° | 10° | 7° | 3° | 0° |
| ☀️ Sonnenschein Stunden/Tag | 2 | 3 | 3 | 5 | 6 | 7 | 6 | 6 | 5 | 4 | 2 | 3 |
| 🌧️ Niederschlag Tage/Monat | 17 | 15 | 13 | 15 | 13 | 14 | 15 | 16 | 14 | 15 | 17 | 16 |

☀️ Sonnenschein Stunden/Tag        🌧️ Niederschlag Tage/Monat

# NEUWIED FEELING
## ZUM EINSTIMMEN & AUSKLINGEN

## LESESTOFF & FILMFUTTER

### 📖 UNTER DEM BLAUEN PFAUEN

Autor Reinhard Schmoeckel zeichnet ein spannendes Sittenbild von Neuwied des 18. Jhs. Die Begebenheiten, die tatsächlich so stattgefunden haben, beschreiben das soziale Gefüge in der Epoche des aufgeklärten Absolutismus.

### 📖 BIS DASS DER TOD EUCH SCHEIDET

Eine brutale Mordserie lässt die beiden Kommissare Uli Falk und Kollege „Wolly", ersonnen von Krimiautor Ulrich Grothe, in die kriminellen Abgründe der Deichstadt blicken.

### 🎥 1000 SCHRITTE FUSSGÄNGERZONE

Bereits 1977 wurde die Mittelstraße in dem Film porträtiert. Über vier Jahrzehnte später war wieder ein Filmteam in der City unterwegs. Die Reportage „Die Retter der Fußgängerzone" des SWR zeigt die positive Entwicklung der Mittelstraße.

### 🎥 TATORT

Die gebürtige Neuwiederin Margarita Broich, Hauptkommissarin im Frankfurt-Tatort, könnte sich vorstellen, dass die 4444. Folge der Serie in Neuwied spielt – in ca. 200 Jahren.

## PLAYLIST
### NEUWIEDER GESCHICHTE(N)

0:58

**MANFRED DÜLLBERG** – ALL DAS IST NEUWIED (2018)
Als geborener Neuwieder hat Manfred Düllberg eine gesungene Hommage an seine Heimatstadt geschaffen.

**THILO DISTELKAMP** – NÄJWIDDER SCHÄRJER (2017)
Der Neuwieder singt deutsche Lieder voller Gefühle und Eindrücke des Lebens.

**WITTMANNS ANN** – WENN MER KÄN GELD MIH HANN (1950)
Das Neuwieder Original sang bei Volksfesten und spendete regelmäßig ihre kleine Gage.

**BAZOOKA ZIRKUS** – MICHA NEUWIED (2011)
Seit einigen Jahren betreibt Sänger Michael Giefer das Tätowierstudio „Taatoonie" in Neuwied. Mit seiner kultigen Hardcore-Combo bringt er seine Tattoo-Kunst in einen musikalischen Kontext.

## AB INS NETZ

### DEICHSTADTPERLEN
Menschen aus Neuwied stehen im Mittelpunkt dieses journalistischen Blogs. Vorgestellt werden Neuwieder Bürgerinnen und Bürger, die etwas Besonderes geschaffen haben, sich einem ausgefallenen Hobby widmen oder einfach nur cool sind. *deichstadt perlen.de*

### JEDER EN FERSCHT
Bei diesem Podcast sind alle gleich – und jeder ist dennoch etwas Besonderes. Für mindestens eine Folge stehen Menschen mit eindeutigem Neuwied-Bezug, also auch ehemalige Einwohner oder Neubürger, im Mittelpunkt der interessanten Gespräche. *neuwied.podigee.io*

### FREUNDE DER DEICHSTADT
Einzelhändler, Gastronomen und Dienstleister haben ein gemeinsames Ziel: Sie möchten die Attraktivität der Neuwieder Innenstadt steigern. Aus diesem Grund haben sie sich zu den Deichstadtfreunden Neuwied zusammengeschlossen und berichten hier regelmäßig zu Fortschritten. *facebook. com/deichstadtfreunde.neuwied*

# TRAVEL PURSUIT

## DAS MARCO POLO URLAUBSQUIZ

**Weißt du, wie Neuwied tickt? Teste hier dein Wissen über die kleinen Geheimnisse und Schrullen von Stadt und Leuten. Die Lösungen findest du in der Fußzeile. Und ganz ausführlich auf den S. 14–23.**

**❶ Wer oder was wird an der food akademie ausgebildet?**
**a)** Schüler
**b)** Heringsbändiger
**c)** Studenten

**❷ Was macht der Geländerverein?**
**a)** Schmuddeln
**b)** Dudeln
**c)** Schnuddeln

**❸ Was wurde im Raiffeisen-Jahr gefeiert?**
**a)** Der 200. Geburtstag von Friedrich Wilhelm Raiffeisen
**b)** Die 200. Bankfiliale
**c)** Das UNESCO-Kulturerbe

**❹ Was bedeutet Schärjer?**
**a)** Jemand, der schielt
**b)** Jemand, der einen Schubkarren schiebt
**c)** Jemand, der Scheren herstellt

**❺ Wie lang ist die Deichmauer am Rheinufer in Neuwied?**
**a)** Unter 200 m
**b)** 300 m
**c)** Über 500 m

**❻ Welches ist das Neuwieder Wappentier?**
**a)** Pfau
**b)** Hering
**c)** Geier

Außergewöhnliches Wahrzeichen: der Neuwieder Pegelturm am Rheinufer

**❼ Auf welche historische Begebenheit geht der Heddesdorfer Pfingstritt zurück?**

**a)** Das Zusammentreiben von Kühen, um sie auf höher gelegene Weiden zu bringen

**b)** Das Eintreiben eines Zinses, wenn die Schafe des Klosters Rommersdorf über die Felder der Heddesdorfer und Engerser Bauern zur Wied getrieben wurden

**c)** Ein Pferderennen, das vom Mittelalter bis zur Reformation alljährlich zu Pfingsten stattfand

**❽ Was wurde in die „Repräsentative Liste des Immateriellen Kulturerbes der Menschheit" aufgenommen?**

**a)** Die Genossenschaftsidee

**b)** Die Religionsfreiheit

**c)** Die Pressefreiheit

**❾ Aus wie vielen Stadtteilen besteht Neuwied?**

**a)** 7

**b)** 9

**c)** 13

**❿ Welcher Schauspieler besitzt ein Roentgen-Möbelstück?**

**a)** Daniel Craig

**b)** Michael Douglas

**c)** Leonardo DiCaprio

**⓫ Wie viel kostete der Bau des Neuwieder Deichs ab 1928?**

**a)** 20 Mio. D-Mark

**b)** 10 Mio. Euro

**c)** 1,7 Mio. Reichsmark

**⓬ Was soll Friedrich Wilhelm Raiffeisen seiner Tochter Amalie verwehrt haben?**

**a)** Die Ehe

**b)** Eine Reise nach Amerika

**c)** Einen eigenen Wohnsitz

# REGISTER

## LOB ODER KRITIK? WIR FREUEN UNS AUF DEINE NACHRICHT!

Trotz gründlicher Recherche schleichen sich manchmal Fehler ein. Wir hoffen, du hast Verständnis, dass der Verlag dafür keine Haftung übernehmen kann.

**MARCO POLO Redaktion • MAIRDUMONT • Postfach 31 51 73751 Ostfildern • info@marcopolo.de**

**Impressum**
Titelbild: Neuwied, Neuwieder Deich mit Pegelturm (Bildagentur: Fotograf)
Fotos: mauritius images/Westend61/Andreas Pacek (Klappe vorne außen, Klappe vorne innen, 1); Andreas Pacek, www.pacek.de (2/3, 4, 10, 14/15, 18, 21, 22, 24/25, 29, 30, 32, 34, 37, 41, 42, 44, 50, 54, 60, 72, 82/83, 86/87, 98/99, 102/103, 104/105); Frank Flügel (6/7); 66minuten.de (8); istockphoto.com/Viktoriia Kuzmenko (9); Zimpfer Photography (11); Zimpfer Photography (12/13); stock.adobe.com/jokuephotography (17); stock.adobe.com/sehbaer_nrw (35); Deutsche Friedrich-Wilhelm-Raiffeisen Gesellschaft e.V. (38); Pressebüro Neuwied (40); M. L. Preiss, Deutsche Stiftung Denkmalschutz, Bonn (49); mauritius images/anna/Alamy (53); Fischzucht Weller (56/57); Engel's Kaffeerösterei (61); Papa Umi Neuwied GmbH & Co. KG. (64/65); stock.adobe.com/igishevamaria (66/67); Modehaus Blum (71); Zimpfer Photography (74/75); Thirsty Lion/Martin Lenzen (79); Chamäleon – Alles nur Theater e. V. (80); Rena Neder (81); Black Pearl Neuwied (84/85); Schneider Fotos/Daniel Schumacher (88/89); food-hotel.de (90/91); stock.adobe.com/Dr. N. Lange (92); Holger Bernert (107)

**1. Auflage 2020**
© MAIRDUMONT GmbH & Co. KG, Ostfildern
Projektmanagement: MAIRDUMONT Business Solutions, Marco-Polo-Straße 1, 73760 Ostfildern, Tel. 0711/4502-156, Fax -351, Mail: b2b@mairdumont.com, b2b.mairdumont.com, www.mairdumont.com
Autor: Holger Bernert
Redaktion: Petra Lindner
Bildredaktion: GSD-Grafik, Stuttgart
Kartografie: © MAIRDUMONT, Ostfildern (S. 95, Umschlag außen, Faltkarte); © MAIRDUMONT, Ostfildern, unter Verwendung von Kartendaten von OpenStreetMap, Lizenz CC-BY-SA 2.0 (S. 26–27, 31, 43, 46, 47, 48, 51, 52, 58–59, 68–69, 76–77, 93)
Als touristischer Verlag stellen wir bei den Karten nur den De-facto-Stand dar. Dieser kann von der völkerrecht-lichen Lage abweichen und ist völlig wertungsfrei.
Gestaltung Cover und Umschlag: bilekjaeger_Kreativagentur mit Zukunftswerkstatt, Stuttgart; Gestaltung Innen-layout: Langenstein Communication GmbH, Ludwigsburg
Konzept Coverlines: Jutta Metzler, bessere-texte.de

Printed in Poland

**MIX**
Paper from responsible sources
FSC® C018236
www.fsc.org

## MARCO POLO AUTOR
### HOLGER BERNERT

Getreu dem Motto „Von Kathmandu bis Bielefeld – mit Holgi um die ganze Welt" hat der erfahrene Reisejournalist viele Kontinente bereist. Auf einer seiner Touren ist er in der Deichstadt am Rhein vor Anker gegangenen und hat Neuwied im Laufe der Zeit kennen- und schätzen gelernt. Mittlerweile fotografiert und filmt er alles, was ihm vor die Linse kommt. Und natürlich wird auch alles notiert und in spannende Reportagen gepackt.

# BLOSS NICHT!

## FETTNÄPFCHEN UND REINFÄLLE VERMEIDEN

### EINEN HEDDESDORFER ALS NEUWIEDER BEZEICHNEN

Das ist fast schon Majestätsbeleidigung. Ein absolutes No-Go. So lernst du garantiert keine neuen Freunde kennen. Schließlich war Heddesdorf bis 1904 eine selbstständige Stadt und ist viel älter als Neuwied.

### „SCHÄRJER" ZU STADTTEIL-BEWOHNERN SAGEN

Bürgerinnen und Bürger aus Engers oder Heimbach-Weis „Schärjer" zu rufen, geht gar nicht. Der Schubkarrenfahrer aus „Näiwid" ist einzig den Ureinwohnern der Neuwieder Innenstadt vorbehalten.

### ALAAF UND HELAU VERWECHSELN

Karneval hat seine eigenen Gesetze. Eigentlich rufst du hier „Alaaf". In Heimbach ist „Helau" angesagt. Aber Achtung: Je nach Karnevalssitzung gibt es auch „Os kann käner", „Ömmer parat", „Vür bäi, on hinne avjedaut" oder „Bat nau". Nichts verstanden? Halb so schlimm. Einfach mitfeiern.

### AN RÖNTGENSTRAHLEN DENKEN

Wer in Neuwied auf den Spuren von Conrad Röntgen wandeln möchte, ist hier auf dem Holzweg. Gehst du diesen Weg jedoch etwas weiter, findest du Abraham und David Roentgen, die legendären Möbelmacher für Europas Monarchen.

### EINFACH AN NEUWIED VORBEIFAHREN

Neuwied auf deiner Reise an den Rhein einfach links liegen lassen und direkt nach Koblenz und in das romantische Mittelrheintal fahren – schlechte Idee. Koblenz hat zweifelsfrei viel zu bieten. Aber die Deichstadt besitzt einiges Sehenswertes, was es zehn Kilometer rheinaufwärts nicht gibt.